VOYAGE SENTIMENTAL.

SECONDE PARTIE.

VOYAGE SENTIMENTAL.

PAR MR. STERNE,

Sous le nom d'YORICK.

TRADUIT DE L'ANGLAIS

PAR MR. FRÉNAIS.

NOUVELLE ÉDITION,

Augmentée des LETTRES d'YORICK à ELIZA, & d'ELIZA à YORICK.

Avec figures.

SECONDE PARTIE.

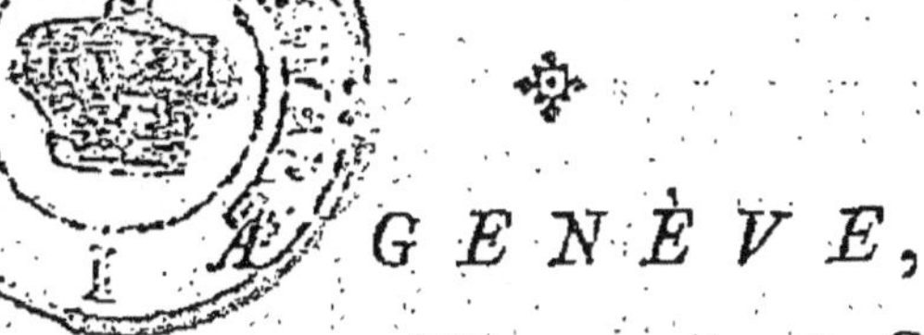

A GENÈVE,

Chez BARDE, MANGET & Compagnie, Imprimeurs-Libraires.

Et à *PARIS*, chez BUISSON, Libr. rue des Poitevins, hôtel de Mesgrigny, N°. 13.

M. DCC. LXXXVI.

VOYAGE SENTIMENTAL EN FRANCE.

CHAPITRE I.

Passe-tems.

JE ne pouvois pas concevoir pourquoi le comte de B. étoit sorti si précipitamment, ni pourquoi il avoit mis le volume de Shakespear dans sa poche.... Mais des mysteres qui s'expliquent d'eux-mêmes par la suite, ne valent pas le tems que l'on perd à vouloir les pénétrer.... Il valoit mieux lire Shakespear.... Je pris un des volumes qui restoit, & je tombai sur la piece intitulée : *Beaucoup de bruit & de fracas pour rien* : & du fauteuil où j'étois assis, je me transportai sur le champ à Messine. Je m'y occupois si fort de Dom Pedre, de Benoît & de Béatrix, que je ne pensois ni à Versailles, ni au comte, ni au passeport.

Douce flexibilité de l'esprit humain ! Avec quel charme il se livre à des illusions qui adoucissent les tristes momens de l'attente & de l'ennui !... Il y a longtems que je n'existerois plus, si je n'avois erré dans leurs plaines enchantées.... Dès que je trouve un chemin trop rude pour mes pieds, ou trop escarpé pour mes forces, je le quitte pour chercher un sentier velouté & uni, que l'imagination a jonché de boutons de roses. J'y fais quelques tours, & j'en reviens plus robuste & plus frais.... Lorsque le mal m'accable, & que ce monde ne m'offre aucune retraite pour m'y soustraire, je le quitte, & je prends une nouvelle route.... J'ai une idée beaucoup plus claire des Champs Elisées que du Ciel, je fais comme Enée, j'y entre par force.... Je le vois qui rencontre l'ombre triste de Didon abandonnée, qu'il cherche à reconnoître. Elle l'apperçoit, & se détourne en silence de l'auteur de sa misere & de sa honte.... Mes sensations se perdent dans les siennes, & se confondent dans ces émotions qui m'arrachoient des larmes sur son sort pendant ma jeunesse.

Le tems qu'on passe ainsi n'est pas inutile.... L'inquiétude que l'on prend du mal des autres adoucit les peines qu'on ressent soi-même, & donne à la raison le loisir de venir à notre secours..... Je sais bien que je n'ai jamais pu dissiper une triste sensation qu'en en excitant en moi une autre qui fût plus douce & plus agréable.

J'allois finir de lire le troisieme acte,

lorfque le comte de B. entra, tenant un papier à la main... Voilà, me dit-il, votre paffeport. M. le duc de C. me l'a accordé fur le champ. Un homme qui rit, dit-il, ne peut pas être dangereux. Pour tout autre que le bouffon du roi, je n'aurois pu l'avoir de plus de deux heures... Mais, monfieur le comte, lui dis-je, je ne fuis pas le bouffon du roi... Mais vous êtes Yorick? Oui... Et vous riez, vous plaifantez? Je ris, je plaifante, mais je ne fuis point payé pour cela... C'eft toujours à mes propres frais que je m'amufe... Il y a long-tems, monfieur le comte, que nous n'avons eu de bouffons à la cour. C'eft fous le feul regne licencieux de Charles II. que le dernier parut. Nos mœurs depuis ce tems fe font fi épurées, nos grands feigneurs font fi défintéreffés, ils ont tant de zele pour l'honneur & la profpérité de la patrie, nos dames font fi modeftes, fi réfervées, fi chaftes, fi dévotes... Ah! monfieur le comte, un bouffon n'auroit pas un seul trait de raillerie à décocher...

Oh! pour cela! s'écria-t-il, voilà du persiflage.

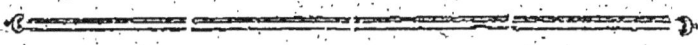

CHAPITRE II.

Digression.

LE passeport étoit adressé à tous les gouverneurs, lieutenans, commandans, officiers-généraux & autres officiers de justice, & M. Yorick, le bouffon du roi, & son bagage, pouvoient voyager tranquillement. On avoit ordre de les laisser passer sans les inquiéter... J'avoue cependant que le triomphe d'avoir obtenu ce passeport me paroissoit un peu terni par la figure que j'y faisois... Mais quels biens dans ce monde sont sans mélange! Je connois de graves théologiens qui vont jusqu'à soutenir que la jouissance même eſt accompagnée d'un ſoupir, & que la plus délicieuſe qu'ils connoiſſent, ſe termine ordinairement par une émotion convulſive.

Je me ſouviens d'un paſſage du ſavant Bevoriskius, dans ſon commentaire ſur les générations d'Adam. Il étoit au milieu d'une note, lorſque deux moineaux, qui étoient ſur le bord de ſa fenêtre, interrompirent le fil de ſa généalogie, & la lui firent couper par une digreſſion.

„ Cela eſt étrange ! s'écrie-t-il, mais
„ le fait n'en eſt pas moins vrai. Ils me
„ troubloient par leurs careſſes... J'eus
„ la curioſité de les marquer une à une
„ avec une plume, & le moineau mâle,
„ dans le peu de tems qu'il m'auroit fallu
„ pour finir ma note, réitéra les ſiennes
„ vingt-trois fois & demie".

„ Que le ciel répand de bienfaits ſur
„ ſes créatures ! ajoute Bevoriskius".

Et c'eſt le plus grave de tes freres, ô malheureux Yorick, qui publie ce que tu ne peux copier ſans rougir ?

Mais cette anecdote ne m'appartient pas, & n'a rien de commun avec mes voyages... Je demande deux fois... deux fois excuse de cette digression.

CHAPITRE III.

Caracteres.

EH! bien, me dit le comte, après qu'il m'eût donné le passeport, comment trouvez-vous les François?

On peut s'imaginer qu'après avoir reçu tant d'honnêtetés, je ne pouvois répondre à cette question que d'une maniere fort polie.

Passe pour cela, dit le comte, mais parlez franchement : trouvez-vous dans le François cette politesse marquée, dont on leur fait honneur par-tout?

Tout ce que j'ai vu, lui dis-je, me confirme dans cette opinion... Oh! oui, dit le comte, les François sont polis.

Jusqu'à l'excès, répartis-je. A l'excès ? Ce mot le frappa, & il me dit que j'entendois sûrement par-là plus que je ne disois. J'eus beau lui assurer que non : il insista... Vous ne voulez pas tout dire... mais point de réserve... parlez avec franchise.

Je crois, M. le comte, lui dis-je, qu'il en est des questions que l'on se fait dans la société, comme de la musique ; on a besoin d'une clef pour répondre aux unes comme pour régler l'autre. Une note exprimée trop haut ou trop bas, dérange tout le systême de l'harmonie... Le comte de B. me dit qu'il ne savoit pas la musique, & me pria de m'expliquer de quelqu'autre façon... Une nation civilisée, M. le comte, lui dis-je enfin, rend tout le monde son tributaire. La politesse en elle-même, ainsi que le beau sexe, a d'ailleurs tant de charmes, qu'il est honteux d'en dire du mal... Je crois cependant qu'il n'y a qu'un seul point de perfection où l'homme puisse arriver... S'il le paſſe, il change plutôt de qualités qu'il n'en acquiert... Je ne prétends pas marquer par-là à quel degré cela ſe rapporte aux François ſur le point dont nous parlons. Mais ſi jamais les Anglois parvenoient à cette politeſſe qui diſtingue les François, ils ne perdroient, peut-être, pas en même tems cette politeſſe du cœur qui engage les hommes à faire plutôt des actes d'humanité que de pure civilité; mais ils perdroient au moins ce caractere original & varié, qui les diſtingue les uns des autres & de tout le reſte du monde.

Je fouillai dans ma poche, & j'en tirai une douzaine de shellings qui avoient été frappés du tems de Guillaume d'Orange, & qui étoient unis comme le verre : ils pouvoient ſervir à éclaircir ce que je venois de dire.

Voyez, M. le comte, lui dis-je, en les jetant devant lui ſur ſon bureau. On ne peut pas les diſtinguer... Ils ont paſſé dans tant de mains, que l'empreinte en eſt abſolument effacée. Les Anglois ſont comme les anciennes médailles que l'on conſerve. Ils ſe ſont tenus ſéparés des autres hommes, & ils ont conſervé le même fil que la fine main de la nature leur a donné... Ils ne ſont pas ſi agréables : mais en revanche la légende eſt ſi viſible, que vous jugez du premier coup-d'œil, de qui eſt l'effigie & la ſouſcription.... Mais les François, M. le comte... Je crus m'appercevoir qu'il craignoit que je n'en diſſe beaucoup de mal, les François, dis-je, ont tant d'excellentes qualités qu'ils peuvent bien ſe paſſer de celle-là. Il n'y a point de peuple qui ſoit plus fidele à ſon Roi, plus généreux, plus brave, plus ſpirituel, plus agréable. Je ne leur trouve qu'un défaut; c'eſt d'être trop ſérieux.

Mon Dieu ! s'écria le comte en ſe levant de ſurpriſe.... Mais vous plaiſantez, dit-il.... Je mis la main ſur ma poitrine, & l'aſſurai gravement que c'étoit mon opinion...

Le comte me dit qu'il étoit mortifié de ne pouvoir rester pour voir comment je m'y prendrois pour justifier cette idée. Il étoit obligé de sortir dans le moment pour aller dîner chez le duc de C. Mais j'espere, me dit-il, que vous ne trouverez pas Versailles trop éloigné de Paris pour vous empêcher d'y venir dîner avec moi... Vous ne direz, peut-être, plus alors que les François sont trop sérieux. En tout cas, nous verrons comment vous soutiendrez la these... Mais, prenez-y garde, vous avez l'opinion du monde entier à combattre... Je promis au comte d'avoir l'honneur de le voir avant de quitter Paris, & je me retirai.

CHAPITRE IV.

La Tentation.

JE revins aussi-tôt à Paris. Le portier me dit qu'une jeune fille, qui avoit une boëte de carton, étoit venue me demander un instant avant que j'arrivasse. Je ne sais, dit-il, si elle s'en est allée ou non. Je pris la clef de ma chambre, & je trouvai dans l'escalier la jeune fille qui descendoit.

C'étoit mon aimable fille du quai de Conti. Madame de R. l'avoit envoyée chez une marchande de modes, à deux pas de l'hôtel de Modene : je ne l'avois pas été voir, & elle lui avoit dit de s'informer si je n'étois déja plus à Paris, &, en ce cas, si je n'avois pas laissé une lettre à son adresse.

Elle monta avec moi dans la chambre pour attendre que j'eusse écrit une carte. C'étoit une belle soirée de la fin du mois de Mai. Les rideaux de la fenêtre, de taffetas cramoisi, étoient tirés l'un contre l'autre... Le soleil se couchoit, & il réfléchissoit une si belle teinture sur le visage charmant de la jeune beauté, que je crus qu'elle rougissoit... Cette idée me fit rougir moi-même... Nous étions seuls, & cette circonstance me donna une seconde rougeur, avant que la première fût dissipée.

Il y a une espece agréable de rougeur qui est à moitié criminelle, & qui provient plutôt du sang que de l'homme lui-même... Le cœur l'envoie avec impétuosité, & la vertu vole à sa suite... mais ce n'est pas pour la rappeller, c'est pour rendre la sensation plus agréable... Elle vient en compagnie... Je ne la décrirai pas... Je sentis d'abord quelque chose en moi qui n'étoit pas conforme à la leçon de vertu que j'avois donnée la veille sur le quai de Conti; je cherchai une carte pendant cinq ou six minutes, quoique je sçusse que je n'en avois point... Je pris une plume... Je la laiſſai tomber; ma main trembloit; le diable m'agitoit.

Je ſavois auſſi bien qu'un autre qu'il s'enfuiroit en lui réſiſtant. Mais il eſt rare que je lui réſiſte, de peur d'être bleſſé au combat, quoique vainqueur... J'aime mieux, pour plus de ſûreté, céder le triomphe; & c'eſt moi-même qui fuis, au lieu de le faire fuir.

La jeune fille s'approcha du ſécrétaire, où je cherchois ſi inutilement une carte... Elle ramaſſa la plume, & m'offrit de me tendre le cornet; & cela d'une voix ſi douce que j'allois l'accepter : cependant je n'oſai pas. Mais, ma chere, je n'ai point de carte, lui dis-je, pour écrire. Qu'importe? écrivez, dit-elle, naïvement, ſur telle autre choſe que ce ſoit.

Ah! je fus tenté de lui dire, je vais donc l'écrire ſur vos levres...

Mais je ſuis perdu, me dis-je, ſi je fais cela. Mon enfant, je n'écrirai point. Je la pris par la main, & la menai vers la porte en la priant de ne point oublier la leçon que je lui avois donnée... Elle promit de s'en ſouvenir, & elle fit cette promeſſe avec tant d'ardeur, qu'en ſe retournant, elle mit ſes deux mains dans les miennes... Il étoit impoſſible dans cette ſituation, de ne les pas ſerrer. Je ſouhaitois les laiſſer aller, & je les retenois encore... Je ne lui parlois point; je raiſonnois en moi-même... L'action me faiſoit de la peine, mais je tenois toujours les mains ſerrées... Je voulois finir ce combat en la quittant, & je recommençois. Mes genoux s'entrechoquoient; mon ſang treſſailloit.

Le lit n'étoit qu'à deux pas de nous... Je lui tenois encore les mains... & je ne ſais comment cela arriva... Je ne lui dis pas... Je ne l'y attirai pas... Je ne penſois pas même au lit... Mais nous nous trouvâmes tous deux aſſis ſur le pied du lit.

Il faut, dit-elle, que je vous montre la petite bourſe que j'ai faite ce matin pour mettre votre écu... Elle la chercha dans sa poche droite qui étoit de mon côté, & la chercha pendant quelque tems. Elle la chercha dans sa poche gauche, & ne la trouvant point, elle craignoit de l'avoir perdue... Je n'ai jamais attendu une chose avec autant de patience. Enfin elle la trouva dans sa poche droite, & elle me dit, en la tenant au bout de ses doigts : la voilà. Elle étoit de taffetas vert doublé de satin blanc piqué, & n'étoit pas plus grande qu'il ne falloit pour contenir l'écu qui étoit dedans. Elle étoit joliment faite, & elle me la mit dans la main. Je la tins dix minutes sur son tablier... Je regardois la bourse. Mes yeux se jettoient quelquefois de côté, mais ils rencontroient plus souvent ceux de la jolie fille.

J'avois un col plissé, dont quelques fils s'étoient rompus. Elle enfila sans rien dire une aiguille, & se mit à le raccommoder... Je prévis alors tout le danger que couroit ma gloire... Sa main qu'elle faisoit passer sur mon cou, en gardant le ſilence, agitoit les lauriers que mon imagination avoit placés ſur ma tête, & ils étoient prêts à tomber. La boucle d'un de ſes ſouliers s'étoit défaite en marchant.... Voyez, dit-elle en levant ſon pied, j'allois la perdre, ſi je ne m'en étois pas apperçue.... Je ne pouvois pas faire moins, en reconnoiſſance du ſoin qu'elle avoit pris de raccommoder mon col, que de rattacher la boucle... & de lever l'autre pied pour voir ſi les boucles étoient placées l'une comme l'autre... Je le fis un peu trop bruſquement... Et la belle fille fut renverſée.... & alors.

CHAPITRE V.

La Conquête.

ET alors?... ô vous, dont les mains froides & les cœurs glacés peuvent vaincre ou masquer les passions par le raisonnement, dites-moi, quelle faute commet un homme à les ressentir? Comment son esprit est-il responsable envers l'émanateur de tous les esprits, de la conduite qu'il tient, quand il en est agité?

Si la nature, en tissant sa toile d'amitié, a entrelassé dans la piéce quelques fils d'amour & de desir, faut-il déchirer toute la toile pour les en arracher? Oh! châtie de pareils stoïques, grand maître de la nature! m'écriois-je en moi-même.. En quelque endroit que tu me places pour éprouver ma vertu, quel que soit le péril où je me trouve exposé, quelle que soit ma situation, laisse-moi sentir les mouvemens des passions qui appartiennent à l'humanité... Et si je les gouverne comme je le dois, j'aurai toute ma confiance en ta justice... C'est toi qui nous as formés... Nous ne nous sommes pas faits nous-mêmes.

Je n'eus pas sitôt adressé cette courte priere au ciel, que je relevai la jeune fille. Je la pris par la main, & la conduisis hors de la chambre... Elle se tint près de moi jusqu'à ce que j'eusse fermé la porte, & que j'en eusse mis la clef dans ma poche... Alors la victoire étoit décidée.... & elle ne l'étoit pas un instant auparavant; alors je lui donnai un baiser sur la joue... Je la repris par la main, & la menai en toute sûreté jusqu'à la porte de la rue.

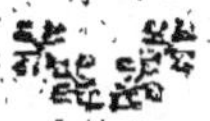

CHAPITRE VI.

Le Mystere.

UN homme qui connoît le cœur humain, jugera aisément qu'il m'étoit impossible de retourner sitôt dans ma chambre. C'eût été passer d'un morceau musical dont le feu avoit animé toutes mes affections, à une clef froide.... Je restai donc quelque tems sur la porte de l'hôtel, & je m'occupai à examiner les passans, & à former sur eux les conjectures que leurs différentes allures me suggéroient; mais un seul objet fixa bientôt toutes mes attentions, & les confondit. C'étoit un grand homme sec, d'un sérieux philosophique, & d'une mine hâlée, qui passoit & repassoit gravement dans la rue, & n'alloit jamais au-delà de soixante pas de chaque côté de la porte. Il paroissoit avoir à-peu-près cinquante ans, & avoit une petite

cane

canne fous le bras.... Son habit, fa vefte & fa culotte étoient de drap noir, un peu ufé, mais encore propre. A fa maniere d'ôter fon chapeau, & d'accofter un grand nombre de paffans, je jugeai qu'il demandoit l'aumône, & je préparai quelque monnoie pour la lui donner, quand il s'adrefferoit à moi en paffant.... Mais il paffa fans me rien demander, & cependant ne fit pas fix pas fans s'arrêter vis-à-vis d'une petite femme qui venoit devant lui.... J'avois plus l'air de lui donner qu'elle.... A peine eut-il fini, qu'il ôta fon chapeau à une autre.... Un monfieur, d'un certain âge, avançoit lentement vers lui, & il étoit fuivi d'un jeune homme fort bien mis.... Il les laiffa paffer tous deux fans leur rien dire.... Mais une femme qui furvint un inftant après en fut faluée.... Je reftai à l'obferver une bonne demi-heure, & il fit pendant ce tems une douzaine de tours en avant & en arriere, en fuivant conftamment le même plan.

Il y avoit deux chofes dans fa conduite

qui m'inquiétoient, & qui me faisoient faire inutilement beaucoup de réflexions, c'étoit de savoir d'abord pourquoi il ne contoit son histoire qu'aux femmes, & ensuite quelle espece d'éloquence il employoit pour toucher leurs cœurs, en jugeant apparemment qu'elle étoit inutile pour émouvoir ceux des hommes.

Deux autres circonstances me rendoient encore ce mystere plus impénétrable. C'est qu'il disoit tout bas à chaque femme ce qu'il avoit à lui dire, & d'une façon qui avoit plutôt l'air d'un secret confié que d'une demande ; & qu'il réussissoit toujours. Il n'arrêta pas une seule femme qui ne tirât sa bourse pour lui donner quelque chose.

J'eus beau réfléchir. Je ne pus me former de systême pour expliquer ce phénomene. C'étoit une énigme à m'occuper tout le reste de la soirée, & je me retirai dans ma chambre.

CHAPITRE VI.

Le Cas de Conſcience.

MON hôte me ſuivit, & à peine fut-il entré, qu'il me dit de chercher un autre logement. Pourquoi cela, lui dis-je, mon ami ?... Pourquoi ?.... N'avez-vous donc pas eu pendant deux heures une jeune fille enfermée avec vous ? Cela eſt contre les regles de ma maiſon ... Fort bien ! lui dis-je, & nous nous quitterons tous bons amis ; car la jeune fille n'a point eu de mal.... ni moi non plus, & je vous laiſſerai comme je vous ai trouvé.... C'en eſt aſſez, reprit-il, pour perdre mon hôtel de réputation.... Cela n'eſt pas équivoque.... Voyez, ajouta-t-il, en me montrant le pied du lit où nous avions été aſſis.... J'avoue que cela avoit quelque apparence d'un témoignage ; mais mon orgueil ſouffroit d'entrer en explication avec lui, & ſans lui faire de détail, je lui dis de ſe tranquilliſer, de dormir auſſi bien que je le ferois cette nuit, & que je le paierois demain matin.

Je ne me ferois pas ſoucié, monſieur, de vous voir une douzaine de filles.... Et je n'ai jamais ſongé, moi, à en avoir une ſeule, lui dis-je, en l'interrompant.... pourvu, ajouta-t-il, que ç'eût été le matin.... Eſt-ce que la différence des momens du jour met à Paris de la différence dans le mal? Cela en fait beaucoup, monſieur, par rapport à la décence.... Je goûte une bonne diſtinction, & je ne pouvois pas me fâcher bien vivement contre cet homme.... J'avoue, pourſuivit-il, qu'il eſt néceſſaire à un étranger d'avoir la commodité d'acheter des dentelles, de la broderie, des bas de ſoie.... & ce n'eſt rien quand une femme qui vend de tout cela vient avec une boëte de carton.... Cela paſſe.... Oh! en ce cas votre conſcience & la mienne ſont à l'abri: car, ſur ma foi, elle en avoit une.... mais je n'y ai pas regardé.... Monſieur n'a donc rien acheté? dit-il. Rien du tout, dis-je.... C'eſt que je vous recommande, monſieur, une jeune fille qui vous vendra en conſcience.... A la bonne heure, mais il faut que je la voie ce ſoir.... Il me fit une profonde révérence, & ſe retira ſans répliquer.

Je vais triompher de cet homme, me dis-je. Mais quel profit en tirerai-je? Je lui ferai voir que ce n'eſt qu'une ame vile. Et enſuite? Enſuite?.... J'étois trop près de moi pour dire que c'étoit pour l'amour des autres.... Je n'avois point de bonne réponſe à me faire à cette queſtion.... Il y avoit plus de mauvaiſe humeur que de principe dans mon projet.... & il me déplaiſoit même avant de l'exécuter.

Une jeune griſette entra quelques minutes après avec une boëte de dentelles.... Elle vient bien inutilement, me dis-je, je n'acheterai certainement rien.

Elle vouloit me faire tout voir.... Mais il étoit difficile de me montrer quelque chose qui me plût.... Cependant elle ne faisoit pas semblant de s'appercevoir de mon indifférence. Son petit magasin étoit ouvert, & elle en étala toutes les dentelles à mes yeux, les déplia l'une après l'autre avec beaucoup de patience & de douceur.... Il ne tenoit qu'à moi d'acheter ou de ne pas acheter; elle me laissoit le tout pour le prix que je voudrois lui en donner... La pauvre créature sembloit avoir de l'ardeur pour gagner quelque chose, & fit ce qu'elle put pour vaincre mon obstination.... Le jeu de ses graces étoit cependant plus animé par un air naïf & caressant que par l'art.

S'il n'y a pas dans l'homme un fonds de complaisance & de bonté qui le rende dupe, *tant pis.* Mon cœur s'amollit, & ma derniere résolution se changea aussi facilement que la premiere.... Pourquoi punir quelqu'un de la faute des autres? Si tu ès tributaire de ce tyran d'hôte, me disois-je en fixant la jeune marchande, je plains ton sort.

Je n'aurois eu que quatre louis dans ma bourse, que je ne l'aurois pas renvoyée sans en dépenser trois. Je lui pris une paire de manchettes.

L'hôte va partager son profit avec elle... Qu'importe? je n'ai fait que payer comme tant d'autres ont fait avant moi pour une action qu'ils n'ont pu commettre, & dont ils n'avoient pas même eu l'idée.

CHAPITRE VII.

L'Enigme.

LA FLEUR, en me servant au souper, me dit que l'hôte étoit bien fâché de l'affront qu'il m'avoit fait en me disant de chercher un autre logement.

Un homme, qui veut passer une nuit tranquille, ne se couche point avec de l'inimitié contre quelqu'un, quand il peut ſe réconcilier.... Je dis donc à La Fleur, de dire à l'hôte, que j'étois fâché moi-même de lui avoir donné occaſion de me faire ce mauvais compliment. Vous pouvez même lui ajouter, ſi la jeune fille revenoit encore que je ne veux plus la revoir.

Ce n'étoit pas à lui que je faiſois ce ſacrifice, c'étoit à moi-même.... *Après l'avoir échappé auſſi belle*, je m'étois réſolu de ne plus courir de riſques, & de tâcher de quitter Paris avec le même fonds de vertu que j'y avois apporté.

Mais, monſieur, dit La Fleur, en me ſaluant juſqu'à terre, c'eſt ne pas ſuivre le ton.... Monſieur changera, ſans doute, de ſentiment. Si, par haſard, il vouloit s'amuſer.... Je ne trouve point en cela d'amuſement, lui dis-je en l'interrompant.

Mon Dieu ! dit La Fleur en ôtant le couvert.

Il alla ſouper, & revint une heure après pour me coucher. Perſonne n'étoit plus attentif que lui; mais il étoit encore plus officieux qu'à l'ordinaire. Je voyois qu'il vouloit me dire quelque chose, & qu'il n'osoit le faire. Je ne pouvois concevoir ce que ce pouvoit être, & je ne me mis pas beaucoup en peine de le savoir. J'avois une autre énigme plus intéressante à développer. Le manége de l'homme que j'avois vu, m'occupoit. J'en aurois bien voulu connoître tous les ressorts, & ce n'est point la curiosité qui m'excitoit. C'est un principe de recherche si bas, que je ne donnerois pas une obole pour la satisfaire... Mais un secret qui amollissoit si promptement & avec autant d'efficacité le cœur du beau sexe, étoit à mon avis un secret qui valoit la pierre philosophale. Si les deux Indes m'eussent appartenu, j'en aurois donné une pour le savoir.

Je le tournai & retournai inutilement toute la nuit dans ma tête. Mon esprit, le lendemain matin en m'éveillant, étoit aussi épuisé par mes rêves que celui du Roi de Babylone l'avoit été par ses songes.

Je n'hésitai pas d'affirmer que l'interprétation de cette énigme auroit embarrassé tous les savans de Paris, aussi bien que ceux de la Chaldée.

CHAPITRE VIII.

Le Dimanche.

CETTE nuit amena le Dimanche. La Fleur, en m'apportant du thé, du pain & du beurre pour mon déjeuné, étoit si paré que j'eus de la peine à le reconnoître.

En le prenant à Montreuil, je lui avois promis un chapeau neuf avec une ganse & un bouton d'argent, & six louis pour s'habiller à Paris. Je lui en avois donné sept pour avoir le tout; & le bon garçon avoit, on ne peut mieux, employé son argent.

Il avoit acheté un fort bel habit d'écarlate, & la culotte de même..... Cela n'avoit été porté que peu de tems.... Je lui fus mauvais gré de me dire qu'il avoit fait cette emplette à la fripperie. L'habillement étoit si frais, que, quoique je suffe bien qu'il ne pouvoit pas être neuf, j'aurois souhaité m'imaginer que je l'avois fait faire exprès pour lui. Mais c'est une délicatesse qui ne blesse pas beaucoup à Paris.

La veste qu'il avoit achetée étoit de satin bleu, assez bien brodée en argent, un peu usée, mais encore fort apparente; le bleu n'étoit pas trop foncé, & cela s'assortissoit très-bien avec l'habit & la culotte. Il avoit une bourse, un solitaire, des manchettes brodées, des bas de soie. Il étoit bien accommodé. La nature lui avoit donné une belle figure qui ne lui avoit pas couté un sol... En un mot tout cela alloit fort bien ensemble.

C'est ainsi qu'il entra dans ma chambre, avec un gros bouquet à la boutonniere de son habit. Il y avoit dans tout son maintien un air de gaieté & de propreté, qui me rappella que c'étoit Dimanche... Je conjecturai, aussi-tôt, en combinant les choses, que ce qu'il avoit à me dire le soir, étoit de me demander la permission de passer ce jour là comme on le passe à Paris. J'y avois à peine pensé, que d'un air timide, mêlé cependant d'une sorte de confiance que je ne le refuserois pas, il me pria de lui accorder la journée.

Mais pourquoi faire, La Fleur? Il me dit ingénuement que c'étoit pour faire le galant vis-à-vis de sa maîtresse.

Moi, j'avois précisément à le faire vis-à-vis de Madame de R. J'avois retenu exprès mon carosse de remise; & ma vanité n'auroit pas été peu flattée, d'avoir un domestique aussi élégant derriere ma voiture. J'avois de la peine à me résoudre à me passer de lui dans cette occasion.

Mais il ne faut pas raisonner dans ces petits embarras: il faut sentir. Les domestiques sacrifient leur liberté dans le contrat qu'ils font avec nous: mais ils ne sacrifient pas la nature. Ils ont leur vanité, leurs souhaits aussi bien que leurs maîtres.... Ils ont mis à prix leur *abnégation* d'eux-mêmes, si je peux me servir de cette expression, & leurs attentes sont quelquefois si déraisonnables, que si leur état ne me donnoit pas le moyen de les mortifier, je voudrois souvent les en frustrer.... Mais quand je réfléchis qu'ils peuvent me dire lorsque je les maîtrise : Je le sais bien.... Je sais que je suis votre domestique.... Je sens alors que je suis désarmé de tout le pouvoir d'un maître.

La Fleur, tu peux aller, lui dis-je.... Mais quelle espèce de maîtresse as-tu fait depuis si peu de tems que tu ès à Paris?... Et La Fleur, en mettant la main sur sa poitrine, me dit que c'étoit une demoiselle qu'il avoit vue chez M. le comte de B.... La Fleur avoit un cœur fait pour la société, &, à dire vrai, il en laissoit échapper de maniere ou d'autre aussi peu d'occasions que son maître.... Mais comment celle-ci vint-elle? Dieu le sait. Tout ce qu'il m'en dit, c'est que pendant que j'étois chez le comte, il avoit fait connoiſſance avec la demoiſelle, au bas de l'eſcalier. Le comte m'avoit accordé ſa protection ; & La Fleur avoit ſu ſe mettre dans les bonnes graces de la demoiſelle. Elle devoit venir ce jour-là à Paris avec deux ou trois autres perſonnes de la maiſon de Mr. le comte, & il avoit fait la partie de paſſer la journée avec eux ſur les Boulevards.

Gens heureux ! qui, une fois la ſemaine, au moins, mettez de côté vos embarras & vos ſoucis ; & qui, en chantant & danſant, éloignez gaiement de vous un fardeau de peines & de chagrins qui accable les autres nations.

CHAPITRE IX.

Occupation imprévue.

LA FLEUR, ſans y ſonger plus que moi, m'avoit laiſſé de quoi m'amuſer tout le jour.

Il m'avoit apporté le beurre ſur une feuille de figuier. Il faiſoit chaud, & il avoit demandé une mauvaiſe feuille de papier pour mettre entre ſa main & la feuille de figuier.

Cela tenoit-lieu d'une aſſiette, & je lui dis de mettre le tout ſur une table comme cela étoit. Le congé que je lui avois donné, m'avoit déterminé à ne point ſortir. Je lui dis de s'en aller, & d'avertir, en paſſant, le traiteur, que je dînerois à l'hôtel.

Dès que j'eus déjeuné, je jetai la feuille de figuier par la fenêtre. J'en allois faire autant de la feuille de papier, mais elle étoit imprimée. J'y jetai les yeux. J'en lus une ligne, puis une autre, puis une troisieme. Cela excita ma curiosité. Je baissai la fenêtre, je m'assis, & je me mis à lire.

C'étoit du vieux françois, dont la date paroissoit être du tems de Rabelais; & c'étoit peut-être lui qui en étoit l'auteur. Le caractere étoit gothique & si effacé par l'humidité & par l'injure du tems, que j'eus bien de la peine à le déchifrer.... J'en abandonnai même la lecture, j'écrivis une lettre à mon ami Eugene.... Mais je repris le chiffon. Impatienté de nouveau, je t'écrivis aussi, ma chere Lisette, pour me calmer : mais, irrité par la difficulté de débrouiller le maudit papier, je repris encore, & je m'obstinois à le lire quand le dîner vint.

Je réveillai mes esprits par une bouteille de vin de Bourgogne.... & je repris ma tâche. Gruterus ou Spon (*a*) n'avoient jamais été plus appliqués à pénétrer le

(*a*) Savans Antiquaires.

ſens de quelque médaille, & en deux ou trois heures d'eſſai, je crus m'appercevoir que je comprenois ce que je liſois.... Mais, pour m'en aſſurer davantage, je me mis à le traduire en Anglois, pour voir la figure que cela feroit.... Je faiſois de tems en tems quelques tours dans ma chambre, je me mettois à la fenêtre, je reprenois la plume, & à neuf heures du ſoir, j'eus enfin achevé mon travail.... On en dira ce qu'on voudra : le voici.

CHAPITRE X.

Fragment.

OR, comme la femme du notaire diſputoit ce point un peu trop vivement avec le notaire, je voudrois, dit le notaire, en mettant bas ſon parchemin, qu'il y eût ici un autre notaire pour prendre acte de tout ceci.

Que feriez-vous alors ? dit-elle en ſe levant précipitamment..... La femme du notaire étoit une petite femme vaine & colérique.... Et le notaire, pour éviter un ouragan, jugea à propos de répondre avec douceur.... J'irois, dit-il, au lit.... Vous pouvez aller au diable, dit la femme du notaire.

Or il n'y avoit qu'un lit dans tout l'appartement, parce que ce n'eſt pas la mode à Paris d'avoir pluſieurs chambres qui en ſoient garnies ; & le notaire qui ne ſe ſoucioit pas de coucher avec une femme qui venoit de l'envoyer au diable, & qui, un peu plus échauffée, n'auroit peut-être pas même fait de façon pour l'envoyer autre part, prit ſon chapeau, ſa canne & ſon manchon, & ſortit de la maiſon.

La nuit étoit pluvieuſe & venteuſe, & il marchoit mal à ſon aiſe vers le Pont-Neuf.

De tous les ponts qui ont jamais été faits, ceux qui paſſent ſur le Pont-Neuf, doivent avouer que c'eſt le pont le plus beau, le plus noble, le plus magnifique, le mieux éclairé, le plus large qui ait jamais joint deux côtés de riviere ſur la ſurface du globe.

Je ne ſais ſi je me trompe; à ce trait on diroit que l'Auteur du Fragment n'étoit pas François: mais continuons. Cela vaut mieux qu'une mauvaiſe réflexion.

Le ſeul reproche que les théologiens, les docteurs de Sorbonne, & tous les Caſuiſtes faſſent à ce pont, c'eſt que s'il fait du vent à Paris, il n'y a point d'endroit où l'on blaſphême plus ſouvent la nature à l'occaſion de ce météore... & cela eſt vrai, mes bons amis. Il y ſouffle vigoureuſement, il vous y houſpille avec des bouffées ſi ſubites & ſi fortes, que de cinquante perſonnes qui le paſſent, il n'y en a pas une qui ne coure le riſque de ſe voir enlever ou de montrer quelque choſe.

Le pauvre notaire, qui avoit à garantir ſon chapeau d'accident, appuya deſſus le bout de ſa canne : mais comme il paſſoit en ce moment auprès de la ſentinelle, le bout de ſa canne, en la levant, attrapa la corne du chapeau de la ſentinelle ; & le vent qui n'avoit preſque plus rien à faire, emporta le chapeau dans la riviere.

C'eſt un coup de vent, dit en l'attrapant un bachoteur qui ſe trouva là.

La ſentinelle étoit un gaſcon. Il devint furieux, releva ſa mouſtache, & mit ſon arquebuſe en joue.

Dans ce tems-là on ne faiſoit partir les arquebuſes que par le ſecours d'une mêche. Le vent, qui fait des choſes bien plus étranges, avoit éteint la lanterne de papier d'une vieille femme ; & la vieille femme avoit emprunté la mêche de la ſentinelle pour la rallumer... Cela donna le tems au ſang du gaſcon de ſe refroidir, & de faire tourner l'aventure plus avantageuſement pour lui... Il courut après le notaire, & ſe ſaiſit de ſon caſtor. C'eſt un coup de vent, dit-il, pour rendre ſa capture auſſi légitime que celle du bachoteur.

Le pauvre notaire paſſa le pont ſans rien dire; mais arrivé dans la rue Dauphine, il ſe mit à déplorer ſon ſort.

Que je ſuis malheureux! diſoit-il. Serai-je donc toute ma vie le jouet des orages, des tempêtes & du vent? Etois-je né pour entendre toutes les injures, les imprécations qu'on vomit ſans ceſſe contre mes confreres & contre moi? Ma deſtinée étoit-elle donc de me voir forcé par les foudres de l'Egliſe à contracter un mariage avec une femme qui étoit ſi douce, avant qu'elle ſe mêlât de cette affaire, & qui eſt, à préſent, pire qu'une furie? D'être chaſſé de chez moi par des vents domeſtiques, & dépouillé de mon caſtor par ceux du pont? Me voilà à tête nue & à la merci des bouraſques d'une nuit pluvieuſe & orageuſe, & du flux & reflux des accidens qui l'accompagnent. Où aller, où paſſer la nuit? quel vent, au moins, dans les trente-deux points du compas poussera chez moi les pratiques de mes confreres?

Le notaire se plaignoit ainsi, lorsqu'il entendit, du fond d'une allée obscure, une voix qui crioit à quelqu'un d'aller chercher le notaire le plus proche . . Or le notaire qui étoit là, se crut le notaire désigné... C'est ainsi que l'occasion fait le larron. Il entra dans l'allée, & s'y enfonça jusqu'à ce qu'il trouva une petite porte ouverte. Là il entra dans une grande salle, & une vieille servante l'introduisit dans une chambre encore plus grande, où il y avoit pour tous meubles une longue pertuisane, une cuirasse, une vieille épée rouillée, & une bandouilliere qui étoient suspendues à des cloux à quatre endroits différens le long du mur.

Un vieux personnage, autrefois gentilhomme, & qui l'étoit encore, en supposant que l'adversité & la misere ne flétrissent pas la noblesse, étoit couché dans un lit à moitié entouré de rideaux, la tête appuyée ſur ſa main en guiſe de chevet. Il y avoit une petite table tout auprès du lit, & ſur la petite table, une chandelle qui éclairoit tout l'appartement. On avoit placé la ſeule chaiſe qu'il y eût près de la table; & le notaire s'aſſit ſur la chaiſe. Il tira de ſa poche une écritoire & une feuille ou deux de papier qu'il mit ſur la table.... Il exprima du coton de ſon cornet, un peu d'encre avec ſa plume, & la tête baiſſée au-deſſus de ſon papier, il attendoit d'une oreille attentive, que le gentilhomme lui dictât ſon teſtament.

Hélas! M. le notaire, dit le gentilhomme, je n'ai rien à donner qui puiſſe ſeulement payer les frais de mon teſtament, ſi ce n'eſt mon hiſtoire... Et je vous avoue que je ne mourrois pas tranquilement, ſi je ne l'avois léguée au public... Je vous légue à vous, qui allez l'écrire, les profits qui pourront vous en revenir... Mais prenez garde que le libraire ne vous les écorne... C'eſt une hiſtoire ſi extraordinaire, que tout le genre humain la lira avec avidité.... Elle fera la fortune de votre maison... Mais encore une fois, prenez garde au libraire... Le notaire, dont l'encre étoit féchée, en puifa encore comme il put... Puiffant directeur de tous les événemens de ma vie! s'écria le vieux gentilhomme, en levant les yeux & les mains vers le ciel, ô! toi, dont la main m'a conduit à travers ce labyrinthe d'aventures étranges, jufqu'à cette fcene de défolation, aide la mémoire fautive d'un infirme & affligé... Dirige ma langue par l'efprit de ta vérité éternelle, & que cet étranger n'écrive rien qui ne foit déjà écrit dans ce livre invifible qui doit me condamner ou m'abfoudre.

Le notaire, qui avoit ouï dire que les Romans n'étoient que des menfonges, étoit enchanté d'en avoir un à écrire qui ne feroit que des vérités... Il éleva fa plume entre fes yeux & la chandelle, pour voir fi rien ne s'oppoferoit à la netteté de de ſon écriture, & il n'avoit jamais été ſi bien préparé.

Cette hiſtoire, M. le notaire, ajouta le moribond, réveillera toutes les ſenſations de la nature... Elle affligera les cœurs humains... Les ames les plus dures, les plus cruelles en ſeront émues de compaſſion.

Le notaire brûloit d'impatience de la commencer, & l'on ſoupçonne même qu'il conçut le projet dès ce moment, de la donner au public, comme ſi elle étoit de lui... il s'imaginoit qu'on regarderoit comme un prodige qu'un notaire eût ſçu écrire quelque choſe en françois... Il reprit donc de l'encre pour la troiſieme fois; & le malade, en ſe tournant de ſon côté, lui dit : écrivez, M. le notaire; & le notaire écrivit ce qui ſuit.

Où eſt le reſte? dis-je à la Fleur qui entra en ce moment dans ma chambre.

CHAPITRE XII.

Le Bouquet.

LE reste, Monsieur? dit-il, quand je lui eûs dit ce qui me manquoit. Il n'y en avoit que deux feuilles, celle-ci & une autre dont j'ai enveloppé les tiges du bouquet que j'avois, & que j'ai donné à la demoiselle que j'ai été trouver sur le Boulevard... Je t'en prie, La Fleur, retourne la voir, & demande-lui l'autre feuille, si par hasard elle l'a conservée. Elle l'aura, sans doute, dit-il, & il part en volant.

Il ne fut que quelques instans à revenir. Il étoit essoufflé, & plus triste que s'il eût perdu la chose la plus précieuse... Juste ciel! me dit-il, Monsieur, il n'y a qu'un quart d'heure que je lui ai fait le plus tendre adieu; & la volage, en ce peu de tems, a donné ce gage de ma tendresse à un valet-de-pied du comte... J'ai été le lui demander : il l'avoit donné lui-même à une jeune lingere du coin ; & celle-ci en a fait présent à un joueur de violon, qui l'avoit emporté je ne sais où... Et la feuille de papier avec ? Oui, Monsieur... Nos malheurs étoient enveloppés dans la même aventure... Je soupirai ; & La Fleur soupira, mais un peu plus haut.

Quelle perfidie ! s'écrioit La Fleur. Cela est malheureux, disoit son maître.

Cela ne m'auroit pas fait de peine, disoit La Fleur, si elle l'avoit perdu... Ni à moi, La Fleur, si je l'avois trouvé.

CHAPITRE XIII.

L'Acte de Charité.

UN homme qui craint d'entrer dans un passage obscur, peut être très-galant homme, & propre à faire mille choses. Mais il lui est impossible de faire un bon Voyageur Sentimental. Je fais peu de cas de ce qui se passe au grand jour & dans les grandes rues.... La nature est retenue & n'aime pas à agir devant des spectateurs. Mais on voit quelquefois dans un coin retiré de courtes scenes qui valent mieux que tous les sentimens d'une douzaine de tragédies du théâtre François réunies... Elles sont cependant bien bonnes... Elles sont aussi utiles aux guerriers; &, quand je veux faire quelque sermon plus brillant qu'à l'ordinaire, je les lis, & j'y trouve un fonds inépuisable de matériaux... La Cappadoce, le Pont, l'Asie, la Phrygie, la Pamphilie, le Mexique me fournissent des textes aussi-bons que la Bible.

Il y a un passage fort long & fort obscur qui va de l'Opéra Comique à une rue fort étroite. Il est fréquenté par ceux qui attendent humblement l'arrivée d'un fiacre, ou qui veulent se retirer tranquillement à pieds, quand la foule des carrosses s'est écoulée. Le bout de ce passage, vers la salle, est éclairé par un lampion, dont la lumière foible se perd avant qu'on arrive à l'autre bout. Ce lumignon est peu utile, mais il sert d'ornement. Il est, de loin, comme une étoile fixe de la moindre grandeur... Elle brûle & ne fait aucun bien à l'univers.

J'apperçus dans ce passage, à cinq ou six pas de la rue, deux dames qui se tenoient par le bras, & qui avoient l'air d'attendre une voiture. Je me tapis le long du mur, presqu'à côté d'elles, & m'y tins tranquillement... J'étois en noir, &c, à peine pouvoit-on distinguer qu'il y eût là quelqu'un.

Je ne pouvois pas trop bien discerner moi-même les traits des deux dames; mais j'avois passé tout près d'elles, & j'avois, je crois, remarqué que celle dont j'étois le plus proche, étoit grande, maigre, & d'environ trente-six ans. L'autre étoit aussi grande, aussi maigre, & paroissoit plus âgée. Je ne sais si elles étoient mariées, si elles étoient veuves, ou si ce n'étoit par hasard un duo de tristes vestales, aussi ennuyées de l'être, que vaines, à leur grand regret, d'en afficher le titre. Ce que je crus voir le mieux, c'est qu'elles n'avoient pas l'air d'être plus accoutumées au doux langage des amans qu'à leurs tendres caresses... Je ne pouvois pourtant pas les rendre heureuses... Mais le bonheur ce soir étoit destiné à leur venir d'une autre main.

Une voix basse, avec une bonne tournure d'expression, terminée par une douce cadence, se fit entendre, & leur demanda pour l'amour de Dieu une piece de douze sols entr'elles d'eux... Il me parut singulier d'entendre un mendiant fixer le contingent d'une aumône, & surtout de le fixer à douze fois plus haut qu'on ne donne ordinairement, ou en plein jour, ou dans l'obscurité. . . Les dames en parurent tout aussi surprises que moi. . . Douze sols, dit l'une. Une piece de douze sols! dit l'autre, & point de réponse.

Je ne sais Mesdames, dit le pauvre, comment demander moins à des personnes de votre rang, & il leur fit une profonde révérence.

Passez, passez, dirent-elles, nous n'avons point d'argent.

Il garda le silence pendant une minute ou deux, & renouvella sa priere.

Ne fermez pas vos oreilles, mes belles Dames, dit-il, à mes accens. . . Mais, mon bon homme, dit la plus jeune, nous n'avons point de monnoie. . . Que Dieu vous bénisse donc, dit-il, & multiplie envers vous ses faveurs. . . L'aînée mit la main dans sa poche. . . Voyons donc, dit-elle, si je trouverai un sol marqué... Un sol marqué! Ah! donnez la piece de douze sols, dit l'homme. La nature a été libérale à votre égard : soyez-le envers un malheureux qu'elle semble avoir abandonné.

Volontiers, dit la plus jeune, si j'en avois.

Beautés compatissantes, dit-il en s'adressant à toutes deux, il n'y a que votre bonté, votre bienfaisance, qui donnent à vos yeux un éclat si doux & si brillant... Et c'est ce qui faisoit dire tout-à-l'heure au Marquis de Villiers & à son frere, en passant, des choses si agréables de vous...

Les deux Dames s'affecterent, & toutes deux à la fois mirent la main dans leur poche, & en tirerent chacune une piece de douze sols. Le pauvre & elles ne lutoient plus : il n'y eut de contestations qu'entr'elles pour savoir qui donneroit la piece de douze sols ; & leur envie paroissoit de l'empressement. La dispute se termina par les donner toutes deux ; & l'homme se retira.

CHAPITRE XIV.

L'Enigme expliquée.

JE courus vîte après lui, & je fus tout étonné de voir le même homme que j'avois vu devant l'hôtel de Modene, & qui m'avoit jeté l'esprit dans un si grand embarras... Je découvris tout d'un coup son secret ou, au moins, ce qui en étoit la base : c'étoit la flatterie.

Parfum délicieux ! Quel rafraîchissement ne donnes-tu pas à la nature ! Comme tu remues toutes ses puissances & toutes ses foiblesses ! Avec quelle douceur tu pénétres dans le sang, & tu l'aides à franchir les passages les plus difficiles qu'il rencontre dans sa route pour aller au cœur !

L'homme, en ce moment, n'étoit pas gêné par le tems, & il prodigua à ces Dames ce qu'il étoit, sans doute, forcé d'épargner dans d'autres circonstances. Il est sûr qu'il savoit se réduire à moins de paroles dans les cas pressés, tels que ceux qui arrivoient dans la rue. Mais, comment faisoit-il?.. L'inquiétude de le savoir ne me tourmente pas. C'est assez pour moi d'être instruit qu'il gagna deux pieces de douze sols... Que ceux qui ont fait une fortune plus considérable par la flatterie, expliquent le reste. Ils y réussiront mieux que moi.

CHAPITRE XV.

Essai.

NOUS nous avançons moins dans le monde en rendant des services qu'en en recevant. Nous prenons le rejeton fané d'un œillet, nous le plantons, & nous l'arrosons, parce que nous l'avons planté.

M. le comte de B... qui m'avoit été si utile pour mon passeport, me le fut encore... Il étoit venu à Paris, & devoit y refter quelques jours... Il s'empreſſa de me préſenter à d'autres, & ainſi de ſuite.

Je venois de découvrir, aſſez à tems, le ſecret que je voulois approfondir pour tirer parti de ces honneurs, & les mettre à profit. Sans cela je n'aurois dîné ou ſoupé qu'une ſeule fois à la ronde chez toutes ces perſonnes, comme cela ſe pratique ordinairement, & en traduiſant, ſelon ma coutume, les figures & les attitudes Françoiſes en Anglois, j'aurois vu à chaque fois que j'avois pris le couvert de quelqu'un qui auroit été plus agréable à la compagnie que moi. L'effet tout naturel de ma conduite eût été de réſigner toutes mes places l'une après l'autre, uniquement parce que je n'aurois pas ſu les conſerver... Mon ſecret opéra ſi bien que les choſes n'allerent pas mal.

Je fus introduit chez le vieux duc de... Il s'étoit ſignalé autrefois par une foule de faits de chevalerie dans la cour de Cythere, & il conſervoit encore l'idée de ſes jeux & de ſes tournois... Mais il auroit voulu faire croire que les choses étoient encore ailleurs que dans sa tête. Je veux, disoit-il, faire un tour en Angleterre, & il s'informoit beaucoup des Dames Angloises.... Croyez-moi, lui dis-je, M. le Duc, restez où vous êtes. Les Seigneurs Anglois ont beaucoup de peine à obtenir de nos Dames un seul coup d'œil favorable; & le vieux Duc m'invita à dîner.

M. de.... Fermier Général, me fit une foule de questions sur nos taxes... J'entends dire, me dit-il, qu'elles sont considérables... Oui, lui dis-je, en lui faisant une profonde révérence, mais vous devriez nous donner le secret de les recueillir; & il me pria à souper dans sa petite maison.

On avoit dit à la Vicomtesse de G. que j'étois un homme d'esprit... Madame la Vicomtesse étoit elle-même une femme d'esprit. Elle brûloit d'impatience de me voir & de m'entendre parler. Je ne fus pas plutôt assis que je m'apperçus que la moindre des inquiétudes étoit de savoir que j'eusse de l'esprit ou non... Il me sembla qu'on ne m'avoit laissé entrer que pour que je susse qu'elle en avoit... Je prends le Ciel à témoin que je ne desserrai pas une fois les levres; & Madame de G. exigea que je fusse de la société.

Madame de F... assuroit à tout le monde qu'elle n'avoit jamais eu avec qui que ce soit une conversation plus instructive que celle qu'elle avoit eue avec moi.

Il y a trois époques dans l'empire d'une Dame d'un certain ton en France... Elle est coquette... puis déiste... & enfin dévote. L'empire subsiste toujours, elle ne fait que changer de sujets. Les esclaves de l'amour se sont-ils envolés à l'apparition de sa trente-cinquieme année, ceux de l'incrédulité leur succedent; viennent ensuite ceux de l'Eglise.

Madame de F. chanceloit entre les deux premieres époques. Ses roses commençoient à se faner, & il y avoit cinq ans, au moins, quand je lui rendis ma premiere visite, qu'elle devoit pancher vers le Déiſme; & je m'en apperçus bientôt.

Elle me fit placer ſur le ſopha où elle étoit, afin de parler plus commodément & de plus près ſur la religion, & nous n'avions pas cauſé quatre minutes, qu'elle me dit : pour moi je ne crois à rien du tout.

Il ſe peut, Madame, que ce ſoit votre principe : mais je ſuis ſûr qu'il n'eſt pas de votre intérêt de détruire des ouvrages extérieurs auſſi puiſſans. Une citadelle ne réſiſte guères quand elle en eſt privée... Rien n'eſt ſi dangereux pour une beauté que d'être Déiſte... & je dois cette dette à mon *credo* de ne pas vous le cacher. Hé! bon Dieu, Madame, quels ne ſont pas vos périls? Il n'y a que quatre ou cinq minutes que je ſuis auprès de vous... & j'ai déja formé des deſſeins : qui ſait ſi je n'aurois pas tenté de les ſuivre, ſi je n'avois été perſuadé que les ſentimens de votre religion ſeroient un obſtacle à leur ſuccès?

Nous ne ſommes pas des diamans, lui dis-je, en lui prenant la main. Il nous faut des contraintes juſqu'à ce que l'âge ſe gliſſe ſur nous, & nous les donne... Mais, ma belle Dame, ajoutai-je, en lui baiſant la main que je tenois... Il eſt encore trop tôt... Le tems n'eſt pas encore venu.

Je peux le dire... Je paſſai dans tout Paris pour avoir converti Madame de F. Elle rencontra D... & l'Abbé M... & leur aſſura que je lui en avois plus dit en quatre minutes en faveur de la religion révélée, qu'ils n'en avoient écrit contre elle dans toute leur Encyclopédie... Je fus enrégiſtré ſur le champ dans la cotterie de Madame de F... qui différa de deux ans l'époque déja commencée de ſon Déiſme.

Je me ſouviens que j'étois chez elle un jour. Je tâchois de démontrer au cercle qui s'y étoit formé, la néceſſité d'une premiere cauſe.... J'étois dans le fort de mes preuves, & tout le monde y étoit attentif, lorsque le jeune comte de S. me prit mystérieusement par la main.... Il m'attira dans le coin le plus reculé du salon, & me dit tout bas.... vous n'y avez pas pris garde.... Votre solitaire est attaché trop serré.... Il faut qu'il badine... Voyez le mien..... Je ne vous en dis pas davantage : un mot, M. Yorick, suffit au sage....

Et un mot qui vient du sage, suffit, M. le comte; & M. le comte m'embrassa avec plus d'ardeur que je ne l'avois jamais été.

Je fus ainsi de l'opinion de tout le monde pendant trois semaines. Parbleu ! disoit-on, ce M. Yorick a, ma foi, autant d'esprit que nous.... Il raisonne à merveille, disoit quelqu'autre. On ne peut être de meilleure compagnie, ajoutoit quelqu'un. J'aurois pu à ce prix manger dans toutes les maisons de Paris, & passer ainsi ma vie au milieu du beau monde... Mais quel métier ! J'en rougissois. C'étoit jouer le rôle de l'esclave le plus vil. Tout ſentiment d'honneur ſe révoltoit contre ce genre de vie.... Plus les ſociétés dans leſquelles je me trouvois, étoient élevées, & plus je me trouvois forcé de faire uſage du ſecret que j'avois appris dans le cul-de-ſac de l'Opéra Comique.... Plus la cotterie avoit de réputation, & plus elle étoit fréquentée par les enfans de l'art, & il falloit les ſurpaſſer pour plaire.... & je languiſſois après les enfans de la nature. Une nuit que je m'étois vilement proſtitué à une demi-douzaine de perſonnes du plus haut parage, je me trouvai incommodé.... J'allai me coucher. Je dis le lendemain de grand matin à La Fleur d'aller chercher des chevaux de poſte, & je quittai Paris & les bons amis que l'adulation m'y avoit donnés.

CHAPITRE XVI.

Juliette.

JE voulois voir la Bretagne, & j'avois des raiſons pour paſſer par la Loire.... Peut-être y rencontrerois-je la charmante Juliette.

Je n'ai jamais ſenti juſqu'à préſent l'embarras que cauſe l'abondance ; mais quel ſpectacle pour un voyageur, quand il traverſe la Touraine dans le tems des vendanges, lorſque la nature verſe ſes bienfaits ſur le cultivateur laborieux, & que tout le monde eſt dans la joie ! Que ces côteaux ſi rians & ſi agréables de la Loire, ſont différens de ces campagnes ſombres que nous traverſons en Angleterre ! Je donnerois tous les palais de l'univers pour y avoir une cabane couverte de chaume, mais c'eſt à une condition, ma Liſette ; je voudrois que tu l'habitaſſes avec moi.

Quel raviſſement pour mon cœur, en faiſant ce voyage ! La muſique à chaque pas battoit le tems au travail ; & tous ſes enfans portoient leurs grappes, en danſant, au preſſoir .... Mes ſenſations n'ont jamais été ſi vives. Les aventures naiſſoient à toutes les poſtes où je m'arrêtois.

Juſte ciel ! quelle ample matiere eſt ſous ma main ! Elle me ſuffiroit pour vingt volumes, & hélas ! l'hiſtoire de Juliette, de la pauvre Juliette, va me prendre la moitié de ce qui me reſte à écrire..... Mon ami, M. Shandy, l'avoit connue près d'Amboiſe ; & l'hiſtoire de cette fille infortunée, dont l'eſprit étoit égaré, m'avoit ſenſiblement affecté.... J'étois au relais de Veuves, & je ne pus réſiſter au deſir que j'avois de ſavoir de ſes nouvelles. Je fis une demi-lieue à pied pour aller au village où demeuroient ſes parens.

J'avoue que c'étoit aller en chevalier *de la triſte figure*, à la recherche des aventures mélancholiques.... Mais je ne ſais comment cela arrive.... Je ne ſuis jamais plus convaincu qu'il existe en moi une ame, que quand je me trouve au milieu des accidens funestes.

La vieille mere vint m'ouvrir la porte, & sa physionomie me conta toute l'histoire avant qu'elle ouvrit la bouche. Elle avoit perdu son mari.... Il étoit mort, un mois auparavant, de chagrin de voir l'égarement de l'esprit de sa fille Juliette.

Elle avoit d'abord craint que cet événement n'eût dérangé le jugement qui lui restoit, mais elle étoit, au contraire, un peu revenue à elle-même.... Elle me dit qu'elle étoit toujours inquiete : hélas! dit-elle, en pleurant, ma pauvre fille rode quelque part autour du village.

Pourquoi mon poulx bat-il langoureusement pendant que j'écris ceci? Et pourquoi La Fleur, dont le cœur ne sembloit tourné qu'à la joie, passa-t-il deux fois le dos de sa main sur ses yeux pendant que la femme nous parloit?

J'avois dit au postillon de conduire la chaise à Amboise. Lorsque nous n'en étions plus qu'à une demi-lieue, dans un petit sentier qui menoit à un clos de vigne, j'apperçus la pauvre Juliette assise sous un saule. Son coude étoit appuyé sur ses genoux, & sa tête sur sa main.... Un petit ruisseau couloit au pied de l'arbre.... Je dis à La Fleur de gagner la ville, & d'ordonner le souper....

Elle étoit habillée de blanc, & à-peu-près comme mon ami me l'avoit dépeinte, si ce n'est que ses cheveux, quand il la vit, étoient retenus par un réseau de soie, & qu'en ce moment elle les avoit épars & flottans. Elle avoit aussi ajouté à son corset, un ruban d'un verd pâle qui, en passant par dessus son épaule, tomboit jusqu'à sa ceinture, & suspendoit son chalumeau.... Sa chevre lui avoit été aussi infidele que son amant, & elle avoit, à sa place, un petit chien qu'elle tenoit en lesse avec une petite corde attachée à son bras.... Je regardai le chien, & elle le tira vers elle.... Tu ne me quitteras pas, Silvio, dit-elle. Je la fixai, & je vis aux larmes qui couloient de ſes yeux, pendant qu'elle proféroit ces mots, qu'elle penſoit plus à ſon pere qu'à ſon amant & à ſa chevre, qui avoient été inconſtans.

Je m'aſſis auprès d'elle, & elle me permit d'eſſuyer ſes pleurs avec mon mouchoir..... J'eſſuyai les miens à mon tour.... & je ſentis en moi des ſenſations qui ne pouvoient certainement provenir d'aucune combinaiſon de matiere & de mouvement.

Oh! je ſuis aſſuré que j'ai une ame. Les Matérialiſtes & tous les livres dont ils ont infecté le monde, ne pourront jamais me convaincre du contraire.

CHAPITRE XVII.

Suite de l'Hiſtoire de Juliette.

JULIETTE étoit un peu revenue à elle. Je lui demandai ſi elle ſe ſouvenoit d'un grand homme pâle & maigre qui s'étoit aſſis entr'elle & ſa chevre, il y avoit deux ans.... Elle me dit qu'elle avoit eu l'eſprit fort aliéné dans ce tems, mais que cependant elle s'en ſouvenoit par deux circonſtances; l'une qu'elle voyoit bien, puiſque je venois la voir, que ce monſieur étoit touché de ſon ſort; & l'autre, parce que ſa chevre lui avoit dérobé ſon mouchoir, & qu'elle l'avoit battue pour cela. Elle l'avoit retrouvé & lavé dans le ruiſſeau, & l'avoit conſervé depuis dans ſa poche pour le lui rendre ſi jamais elle le revoyoit.... Il me l'a promis à demi, ajouta-t-elle : elle tira auſſi-tôt le mouchoir de ſa poche pour me le montrer...

Elle l'avoit enveloppé dans des feuilles de vignes qu'elle renouvelloit de tems en tems, & qui étoient liées avec un osier... Elle le déploya, & je vis qu'il étoit marqué d'une S, dans un des coins.

Elle me raconta qu'elle avoit été depuis ce tems-là à Rome, qu'elle avoit fait une fois le tour de l'Eglise Saint Pierre.... qu'elle avoit trouvé son chemin toute seule à travers de l'Appenin, qu'elle avoit traversé toute la Lombardie sans argent.... & les chemins pierreux de la Savoie sans souliers. Elle ne se souvenoit point de la maniere dont elle avoit été nourrie, ni comment elle avoit pu supporter tant de fatigue : mais Dieu, dit-elle, tempere le vent en faveur de l'agneau nouvellement tondu.

Et tondu au vif ! lui dis-je.... Ah ! si tu étois dans mon pays, où j'ai un petit hameau, je t'y menerois ; je te mettrois à l'abri des accidens.... Tu mangerois de mon pain, tu boirois de ma coupe, j'aurois soin de ton Silvio.... Je te cherche-

rois

rois & te ramenerois, quand tu ſuccomberois à tes écarts & à tes foibleſſes... Je dirois mes prieres, quand le ſoleil ſe coucheroit.... & mes prieres faites, tu jouerois ton chant du ſoir ſur ton chalumeau.... L'encens de mon ſacrifice ſeroit plus agréable au Ciel, quand il ſeroit accompagné de celui d'un cœur douloureux....

Je ſentois la nature fondre en moi, en diſant tout cela; & Juliette voyant que je prenois mon mouchoir déja trop mouillé pour m'en ſervir, voulut le laver dans le ruiſſeau.... Mais où le ferois-tu ſécher, ma chere enfant? Dans mon ſein, dit-elle. Cela me feroit du bien.

Eſt-ce que ton cœur reſſent encore des feux, ma chere Juliette?

Je touchois là une corde ſur laquelle étoient tendus tous ſes maux.... Elle me fixa quelques momens avec des yeux en déſordre, puis, ſans rien dire, prit ſon chalumeau, & joua une hymne à la Vierge... La vibration de la corde que j'avois touchée, cessa.... Juliette revint à elle, laissa tomber son chalumeau, & se leva.

Où vas-tu, ma chere Juliette ? lui dis-je. Elle me dit qu'elle alloit à Amboise. Hé bien, allons ensemble.

Elle me prit le bras, & allongea la corde pour laisser à son chien la facilité de nous suivre avec plus de liberté.

CHAPITRE XVIII.

Les adieux.

Nous arrivâmes à Amboiſe : les places & les rues étoient pleines de monde : on y attendoit pour la premiere fois madame la Ducheſſe de ... Sa bienfaiſance y avoit devancé depuis long-tems ſon arrivée, & la joie étoit peinte ſur tous les viſages ; le plaiſir reſpiroit dans tous les cœurs.... O vertu ! voilà quels ſont tes charmes ! tu inſpires l'allégreſſe par-tout où tu te montres.

Nous nous trouvâmes au milieu de la foule empreſſée. Juliette en étoit connue, & je vis qu'elle intéreſſoit tout le monde à ſon ſort : je m'arrêtai pour lui faire mon dernier adieu.

Juliette n'étoit pas grande, mais elle étoit bien faite. L'affliction avoit fait impreſſion ſur ſa phyſionomie.... Elle avoit un air délicat, & tout ce que le cœur peut desirer en une femme.... Ah! si elle pouvoit recouvrer son bon sens, & si les traits de ma Lisette pouvoient s'effacer de mon esprit. Juliette... oui, elle mangeroit de mon pain, elle boiroit de ma coupe... Je ferois plus, elle seroit reçue dans mon sein... elle seroit ma fille ou tout ce qu'on peut être de plus cher.

Adieu, fille infortunée. Imbibes l'huile & le vin que la compassion d'un étranger verse en passant sur ta blessure... L'Etre qui t'a créée peut seul la guérir.

CHAPITRE XIX.

La Touraine.

JE comptois fur les fenfations les plus joyeufes en parcourant ce pays charmant au milieu des vendanges... Mais je n'étois pas fufceptible d'en éprouver. Les fcenes de gaieté qui fe préfentoient à mes yeux à chaque pas, ne m'en infpiroient point.... Mon imagination me rappelloit fans ceffe Juliette affife d'un air trifte & penfif au pied de fon faule, & je me trouvois près d'Angers, que fon attitude mélancholique n'étoit pas encore effacée de mon efprit.

Charmante fenfibilité ! fource inépuifable de nos plaifirs les plus parfaits, & de nos douleurs les plus cuifantes ! tu enchaînes ton martyr fur fon lit de paille, où tu l'éleves jufqu'au ciel. Source éternelle de nos ſenſations ! c'eſt ta Divinité qui me donne ces émotions ... Mon ame, dans certains momens funeſtes & maladifs, languit dans la nonchalance, & s'effraie de la deſtruction du corps qu'elle anime.... Mais ce ne ſont que des paroles pompeuſes..... Je ſens en moi que cette deſtruction doit être ſuivie des plaiſirs & des ſoins les plus doux. Tout vient de toi, grand émanateur de ce monde ! C'eſt toi qui amollis nos cœurs, & nous rends compatiſſans aux maux d'autrui. C'eſt par toi que mon ami tire les rideaux de mon lit, quand je ſuis languiſſant, qu'il écoute mes plaintes, & cherche à me conſoler. Tu fais paſſer quelquefois cette douce compaſſion dans l'ame du pâtre groſſier, qui habite les montagnes les plus âpres : il s'attendrit, quand il trouve égorgé un agneau du troupeau de ſon voiſin..... Je l'ai vu dans ce moment, ſa tête appuyée contre ſa houlette, le contempler avec pitié.... Ah ! ſi j'étois arrivé un moment plutôt, s'écrioit-il..... Le pauvre agneau perd tout son sang, il meurt, & son cœur en saigne.

Que la paix soit avec toi, généreux berger ! Tu t'en vas tout affligé.... Mais le plaisir balancera ta douleur; car le bonheur entoure ton hameau.... Heureuse est celle qui le partage avec toi ! Heureux sont les agneaux qui bondissent autour de toi.

CHAPITRE XX.

Le souper & les graces.

JE voulois aller voir un de mes anciens amis qui s'étoit retiré dans une petite ville d'Anjou, à six lieues à droite d'Angers. Le chemin est bien difficile pour la poste, me dit-on.... Monsieur se connoit en difficultés, dit La Fleur.... Venez toujours... Un fer se détacha d'un pied de devant du cheval de Brancard, dans un chemin pierreux. Le postillon descendit & le mit dans sa poche. A peine avions-nous fait une lieue, que le fer de l'autre pied se détacha aussi, & il n'y avoit pas moyen d'aller plus loin, sans courir le risque de faire blesser le cheval. Il falloit, au moins, lui donner un poids plus léger, & je descendis. J'apperçus une maison à quelques portées de fusil du chemin, & je dis au postillon de m'y suivre. L'air de la maison & de tout ce qui l'entouroit, ne me fit point regretter mon défastre. C'étoit une jolie ferme entourée d'un beau clos de vigne. Il y avoit d'un côté un potager rempli de tout ce qui pouvoit entretenir l'abondance dans la maifon d'un payfan, & de l'autre un petit bois qui pouvoit fournir de chauffage.... Je laiffai au poftillon le foin de s'arranger, & j'entrai tout droit dans la maifon.

La famille étoit compofée d'un vieillard à cheveux blancs, de fa femme, de leurs fils, de leurs gendres, de leurs femmes & de leurs enfans.

Ils alloient fe mettre à table pour manger leur foupe aux lentilles. Un gros pain de froment occupoit le milieu de la table, & une bouteille de vin, à chaque bout, promettoit de la joie pendant le repas : c'étoit un feftin d'amour & d'amitié.

Le vieillard fe leve auffi-tôt pour venir à ma rencontre, & m'invite, avec une cordialité refpectueufe, à me mettre à table. Mon cœur s'y étoit mis dès le moment que j'étois entré. Je m'aſſis tout de ſuite comme un des enfans de la famille, &, pour en prendre plutôt le caractere, j'empruntai le couteau du vieillard, & je me coupai un gros morceau de pain. Tous les yeux, en me voyant faire, ſembloient me dire que j'étois le bien-venu, & qu'on me remercioit de la liberté que j'avois priſe.

Etoit-ce cela, ou dis-le-moi, Nature, étoit-ce autre choſe qui me faiſoit paroître ce morceau ſi friand ? A quelle magie étois-je redevable des délices que je goûtois en bûvant un verre de vin de cette bouteille, & qui ſemble encore m'affecter le palais ?

Le ſouper étoit de mon goût : les graces qui le ſuivirent en furent encore plus.

Le ſouper fini, le vieillard donne un coup ſur la table avec le manche de ſon couteau. C'étoit le ſignal de ſe lever de table & de ſe préparer à danſer. Dans l'inſtant les femmes & les filles courent dans une chambre à côté pour arranger leurs cheveux ; & les hommes & les garçons vont à la porte pour se laver le visage, & quitter leurs sabots pour prendre des souliers. En trois minutes toute la troupe est prête à commencer le bal sur une petite esplanade de gason qui étoit devant la cour. Le vieillard & sa femme sortent les derniers. Je les accompagne & me place entr'eux sur un petit sopha de verdure.

Le vieillard, dans sa jeunesse, avoit su jouer assez bien de la vielle, & il en jouoit encore passablement. La femme l'accompagnoit de la voix ; & les enfans & les petits enfans dansoient... Je dansois moi-même, quoiqu'assis.

Au milieu de la seconde danse, & à quelques pauses dans les mouvemens où ils sembloient tous lever les yeux, je crus entrevoir que cette élévation étoit l'effet d'une autre cause que celle de la simple joie.... Il me sembla, en un mot, que la Religion étoit mêlée pour quelque chose dans la danse... Je ne l'avois jamais vue s'engager dans ce plaiſir, & je commençois à croire que c'étoit l'illuſion d'une imagination qui me trompe continuellement, lorſque la danſe finie, le vieillard me dit : monſieur, c'eſt là ma coutume. Dans toute ma vie, j'ai toujours eu pour regle, après ſouper, de faire ſortir ma famille pour danſer & ſe réjouir. Je m'imagine que le contentement & la gaieté de l'eſprit ſont les meilleures eſpeces de graces, qu'un homme comme moi, qui n'eſt point inſtruit, pouvoit rendre au ciel.

Ce ſeroient, peut-être, même auſſi les meilleures des plus ſavans prélats, lui dis-je.

CHAPITRE XXI ET DERNIER.

Le cas de délicatesse.

Il y a entre la petite ville où j'allois, & Rennes, des chemins presque impraticables, par les hauteurs, les descentes, les ruisseaux & les fondrieres qu'on trouve en certains endroits. Adieu alors à tous les mouvemens rapides & précipités ! Il faut voyager avec précaution ; mais il convient mieux aux sentimens de ne pas aller si vite. Je fis marché avec un voiturier pour me conduire aussi lentement qu'il voudroit, dans cette traverse difficile. Les habitans en sont pauvres, tranquilles, & doués d'une grande probité. Chers villageois, ne craignez rien ! Le monde ne vous enviera pas votre pauvreté, trésor inépuisable de vos simples vertus. Nature ! parmi tous tes désordres, tu ès encore favorable à la modicité que tu fournis.

Au milieu des grands ouvrages qui t'environnent, tu n'as laiſſé que peu ici pour la faulx & la faucille : mais ce peu eſt en ſûreté, il eſt protégé.... Le plus fort n'envahit rien au plus foible. Heureuſes les demeures qui ſont ainſi miſes à l'abri de la cupidité & de l'envie !

Que le voyageur fatigué ſe plaigne, s'il veut, des détours & des dangers de vos routes, de vos collines pierreuſes, de vos fondrieres, & des obſtacles de toutes eſpeces qui l'arrêtent dans ſon chemin....! Moi, mes chers amis, j'aime à voyager parmi vous. Les habitans d'un village voiſin avoient travaillé tout le jour à rendre praticable un endroit où nous arrivâmes. Nous n'aurions pu y paſſer la veille, & ils avoient encore pour deux heures d'ouvrage.... Il n'y avoit point d'autre remede que d'attendre avec patience. La nuit qui étoit pluvieuſe & orageuſe s'approchant, le voiturier fut obligé de s'arrêter dans la ſeule hôtellerie qu'il y avoit dans le village.

Je pris auſſi-tôt poſſeſſion de ma chambre à coucher... L'air étoit devenu très-froid, je fis faire bon feu, & je donnai des ordres pour le ſouper..... Je remercìois le ciel de ce que les choſes n'étoient pas pires, lorſqu'une Dame & ſa femme de chambre arriverent dans l'auberge.

Il n'y avoit pas d'autre chambre à coucher dans la maiſon que la mienne; & l'hôteſſe les y amena ſans façon, en leur diſant qu'il n'y avoit d'autre perſonne qu'un Gentilhomme Anglois... qu'il y avoit deux bons lits, & qu'il y en avoit un troiſieme dans le cabinet à côté... mais à la maniere dont elle parloit de ce troiſieme lit, il auroit preſque autant valu qu'elle n'en eût point eu... Elle ajouta qu'elle oſoit avancer que le Monſieur feroit de ſon mieux pour arranger les choſes; & moi, pour ne pas tenir la Dame en ſuſpens, je lui dis que je ferois tout ce que je pourrois.

Mais cela ne vouloit pas dire que je la rendrois la maîtreſſe abſolue de ma chambre... J'en étois encore propriétaire, & j'avois le droit d'en faire les honneurs. Je priai donc la Dame de s'asseoir; je la plaçai dans le coin le plus chaud, je demandai du bois, je dis à l'hôtesse d'augmenter le souper, & de ne point oublier que je lui avois recommandé de donner le meilleur vin.

La Dame ne fut pas cinq minutes auprès du feu qu'elle jeta les yeux sur les lits. Plus elle les regardoit, & plus son inquiétude sembloit augmenter. J'en étois mortifié & pour elle & pour moi, & je n'étois, peut-être, pas moins embarrassé qu'elle.

C'en étoit assez, pour causer cet embarras, que les lits fussent dans la même chambre... Mais ce qui nous troubloit le plus, c'étoit leur position. Ils étoient paralelles & si proches l'un de l'autre, qu'il n'y avoit de place entre les deux que pour mettre une chaise... Ils n'étoient guères plus éloignés du feu. Le manteau de la cheminée, d'un côté, s'avançoit fort avant dans la chambre, & avec une groſſe poutre, de l'autre, il formoit une eſpece d'alcove qui n'étoit point du tout favorable à la délicateſſe de nos ſenſations... D'ailleurs, les lits étoient ſi étroits, qu'il n'y avoit pas moyen de ſonger à faire coucher la femme de chambre avec ſa maîtreſſe. Si cela avoit été faiſable, l'idée qu'il falloit que je couchaſſe auprès d'elle, auroit gliſſé plus aiſément ſur l'imagination.

Le cabinet n'étoit pas conſolant. Il étoit humide, froid : la fenêtre en étoit à moitié briſée, il n'y avoit point de vitres... Le vent y ſouffloit, & il étoit ſi violent, qu'il me fit touſſer, quand j'y entrai avec la Dame pour le viſiter... L'alternative où nous nous trouvâmes réduits, étoit donc fort inquiétante. La dame ſacrifieroit-elle ſa ſanté à ſa délicateſſe, en abandonnant le lit à la femme de chambre; ou la femme de chambre prendroit-elle le cabinet, en laiſſant la Dame expoſée aux entrepriſes qu'un joli minois peut ſuggérer à un étranger? Le cas n'étoit pas aisé à résoudre.

La Dame étoit une jeune Nantaise, d'environ vingt-cinq ans, dont le teint l'auroit disputé à l'éclat des roses. La femme de chambre étoit Blaisoise, vive, leste, & n'avoit pas plus de vingt ans. Ces circonstances augmentoient les difficultés; & le poids, qui accabloit nos esprits, n'étoit pas allégé par la délicatesse que nous avions de ne pas nous communiquer l'un à l'autre ce que nous sentions dans cette occasion.

Le souper vint & nous nous mîmes à table. Je crois que si nous n'eussions pas eu du meilleur vin que celui qu'on nous donna, nos langues auroient été liées jusqu'à ce que la nécessité nous eût forcé de leur donner de la liberté... Mais la Dame avoit heureusement quelques bouteilles de bon vin de Bourgogne dans sa voiture, & elle envoya sa femme de chambre en chercher deux... Peu à peu nous nous sentîmes inspirés d'une force d'esprit suffisante pour parler, au moins sans réserve, de notre situation; nous l'examinâmes de tous côtés pendant plus d'une heure, pour tâcher de trouver quelque heureux moyen de régler la chose... Enfin, après l'avoir retournée dans tous les sens, nous convînmes de nos articles, &, peut-être, n'a-t-on jamais fait un traité de paix qu'on ait exécuté plus religieusement des deux côtés. Voici le nôtre.

ARTICLE PREMIER.

Comme le droit de la chambre à coucher appartient à monsieur, & qu'il croit que le lit qui est le plus proche du feu est le plus chaud, il le cede à madame.

Accordé de la part de madame, pourvu que les rideaux des deux lits, qui sont d'une toile de coton presque transparente, & trop étroits pour bien fermer, soient attachés à l'ouverture avec des épingles, ou même entiérement cousus avec une aiguille & du fil, afin qu'ils soient censés former une barriere suffisante du côté de monsieur.

ARTICLE II.

Il est demandé de la part de madame, que monsieur soit enveloppé toute la nuit dans sa robe-de-chambre.

Refusé, parce que monsieur n'a pas de robe-de-chambre, & qu'il n'a dans son porte-manteau que six chemises & une culotte de soie noire.

La mention de la culotte de soie noire fit un changement total dans cet article.. On regarda la culotte comme un équivalent de la robe-de-chambre. Il fut donc convenu que j'aurois toute la nuit ma culotte de soie noire.

ARTICLE III.

Il est stipulé, de la part de madame, que, dès que monsieur sera au lit, & que le feu & la chandelle seront éteints, monſieur ne dira pas un ſeul mot pendant toute la nuit.

Accordé, à condition que les prieres que monſieur fera, ne ſeront pas regardées comme une infraction au traité.

Il n'y eût qu'un point d'oublié. C'étoit la maniere dont la Dame & moi nous nous déshabillerions, & nous nous mettrions au lit... Il n'y avoit qu'une maniere de le faire; & le lecteur peut la deviner... Je proteſte que ſi elle ne lui paroît pas la plus délicate & la plus décente qu'il y ait dans la nature, c'eſt la faute de ſon imagination...

Enfin, nous nous couchâmes: je ne ſais ſi c'eſt la nouveauté de la ſituation ou quelque autre choſe qui m'empêcha de dormir; mais je ne pus fermer les yeux... Je me tournois tantôt d'un côté, tantôt de l'autre... & cela dura juſqu'à deux heures du matin, qu'impatienté de tant de mouvemens inutiles, il m'échappa de m'écrier, ô mon Dieu!

Vous avez rompu le traité, monſieur,

dit avec précipitation la Dame qui n'avoit pas plus dormi que moi... Je lui dis que non, en ſoutenant que ce n'étoit qu'une exclamation... Elle voulut que ce fut une infraction entiere du traité... & moi je prétendois qu'on avoit prévu le cas par le troiſieme Article.

La Dame ne voulut pas céder, & la diſpute affoiblit un peu ſa barriere.... J'entendis tomber par terre deux ou trois épingles des rideaux.

Sur mon honneur, madame, ce n'eſt pas moi qui les ai détachées, lui dis-je, en étendant mon bras hors du lit, comme pour affirmer ce que je diſois... & j'allois ajouter que pour tout l'or du monde, je n'aurois pas voulu violer l'idée de décence que je...

Mais la femme de chambre, qui nous avoit entendu, & qui craignoit les hoſtilités, étoit ſortie de ſon cabinet, & s'étoit gliſſée doucement dans le paſſage qui étoit entre le lit de ſa maîtreſſe & le mien; & en étendant le bras, je ſaifis la femme de chambre, &... *&c. &c. &c.*.. Mais *honni ſoit qui mal y penſe.* Le jour parut... & nous n'eûmes point à rougir de nous voir. Nous partîmes. Je gagnai Rennes; & la Dame & ſa femme de chambre allerent où elles voulurent...

Fin de la ſeconde & derniere Partie.

TABLE

DES CHAPITRES

De la seconde Partie.

Fin de la Table de la ſeconde Partie.

Dreppe inv. *Töpffer sculp.*

LETTRES
D'YORICK
A ELIZA,
ET
D'ÉLIZA
A YORICK.

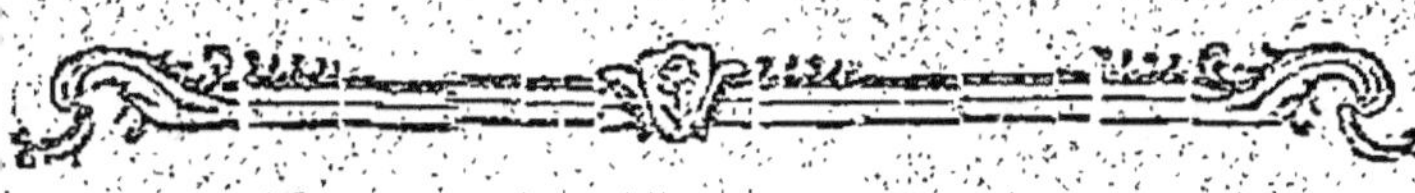

PRÉFACE.

LE *Voyage Sentimental* qui précéde ces Lettres, eſt une production immortelle d'un homme qui réuniſſoit à beaucoup de ſenſibilité une égale & vaſte portion de génie ; cet homme eſt M. Sterne. Sa réputation eſt ſi grande en Angleterre, qu'on a vu un de ſes admirateurs promettre, il y a quelques mois, une ſomme conſidérable à quiconque lui apporteroit une ligne de Sterne qui lui ſeroit inconnue. Il n'y a point d'Angloiſe qui ne faſſe ſa lecture la plus chere du *Sentimental Journey* : on n'en parle jamais ſans admiration, & même ſans une eſpece d'attendriſſement.

Sterne avoit une maniere d'obſerver

& de voir qui lui étoit particuliere ; le fait le plus simple prenoit sous sa plume une forme intéressante & pathétique ; c'est sur-tout par les détails qu'il se distingue ; il est le premier chez les Anglois, & peut-être le premier des Ecrivains qui a senti combien les plus légeres circonstances, une attitude, un geste, un trait de physionomie, pouvoient animer un sujet. Tout en lui étoit original, jusqu'à ses Sermons qu'il a fait imprimer sous le nom d'Yorick, & qui renferment la morale la plus pure, présentée bien naïvement, bien simplement ; il prêchoit aux hommes la philantropie, la charité, la sensibilité.

Son style lui est aussi propre que sa maniere de voir : on le croiroit décousu, parce qu'il est sans apprêt ; mais il est sublime quelquefois. D'un seul mot il pénétre ; mais ce mot part de l'ame ; c'est presque toujours son cœur qui conduit ſa plume : mais ſi l'eſprit conſiſte à découvrir dans les objets de nouveaux rapports, des faces nouvelles, je ne connois pas d'homme qui ait plus d'eſprit que Sterne.

Son extérieur étoit mélancolique & ſombre, ſa ſanté foible & délicate, cependant ſon humeur avoit des ſaillies de gaieté : on retrouve en lui, & tour-à-tour, Cervantes, Montaigne, Rabelais ; mais de plus il poſſede cette fleur de ſentiment, cette ſoupleſſe de penſée que je ne ſaurois définir. Qu'on liſe dans ſon Triſtram Shandi l'hiſtoire de Lefevre, & ma définition eſt inutile.

Sterne avoit beaucoup d'érudition, il paſſa les deux tiers de ſa vie à étudier, & il avoit près de quarante ans, lorſqu'il écrivit ſon premier ouvrage.

Il s'agit maintenant de quelques lettres échappées à cet homme de génie ; qu'on ne ſoit pas ſurpris du ton paſſionné qui regne dans quelques-unes. Tous les ſentimens d'affection ſe confondoient dans ſon ame, & n'y conſervoient aucune nuance diſtincte : l'amitié y prenoit aiſément la forme de l'amour, c'eſt-à-dire qu'il éprouvoit pour ſon amie ce qu'il auroit ſenti pour une amante ; c'étoient les mêmes épanchemens, les mêmes tranſports & les mêmes peines. On le verra dans ces lettres écrites à Miſtriſs Eliſabeth Draper, épouſe de M. Daniel Draper, à préſent chef de la factorie Angloiſe à Surate, homme eſtimable & très-conſidéré dans cette partie du globe. Eliza trop délicate pour réſiſter au brûlant climat de l'Inde, vint en Angleterre, reſpirer l'air natal ; le haſard lui procura la connoiſſance de Sterne : il découvrit en elle un eſprit ſi bien fait pour le ſien, ſi doux & ſi tendre, qu'une eſpece de ſympathie les rapprocha & les unit de l'amitié la plus vive & la plus pure qui ait jamais existé. Il l'aimoit comme son amie, il mettoit son orgueil à la nommer sa pupille, & à la diriger par ses avis. Santé, besoins, réputation, tous les intérêts d'Eliza lui devinrent personnels, ses enfans furent les siens, & il lui eût fait volontiers le sacrifice de son pays, de ses biens & de sa vie, si ce sacrifice eût pu contribuer à son bonheur; ainsi leurs lettres sont pleines des plus tendres expressions d'amour; mais de cet amour qu'on a nommé platonique, & traité de chimere : j'aime à le voir exister, & que Sterne en soit le modele.

On remarquera peut-être que ces lettres ont différentes signatures : ici Sterne, là Yorick, & plusieurs fois ton Bramine. Tout le monde sait que les Bramines forment la principale caste ou tribu des Indiens idolâtres, & que c'eſt dans cette caſte que ſont ces Prêtres, ſi fameux par leur vie auſtere & leur enthouſiaſme; ainſi il ſuffit d'obſerver que, comme M. Sterne étoit prébendaire d'Yorck, & qu'Eliza habitoit dans les Indes, elle avoit pris l'habitude de l'appeller ſon Bramine, & celui-ci prenoit quelquefois ce titre dans la ſignature de ſes lettres à cette Dame.

ÉLOGE D'ELIZA DRAPER.

PAR MR. L'ABBÉ RAYNAL.

TERRITOIRE d'Anjinga, tu n'es rien; mais tu as donné naissance à Eliza. Un jour, ces entrepôts de commerce fondés par les Européens sur les côtes d'Asie ne subsisteront plus. L'herbe les couvrira, ou l'Indien vengé aura bâti sur leurs débris, avant que quelques siecles se soient écoulés. Mais, si mes écrits ont quelque durée, le nom d'Anjinga restera dans la mémoire des hommes. Ceux qui me liront ceux que les vents poufferont vers ce rivages, diront : c'eft-là que nâquit Eliz Draper ; & s'il eft un Breton parmi eux il fe hâtera d'ajouter avec orgueil, & qu'ell y nâquit de parens Anglois.

Qu'il me foit permis d'épancher ici m douleur & mes larmes ! Eliza fut mon amie O lecteur, qui que tu fois, pardonne-mo ce mouvement involontaire. Laiffe-mo m'occuper d'Eliza. Si je t'ai quelquefoi attendri fur les malheurs de l'efpece hu maine, daigne aujourd'hui compatir à m propre infortune. Je fus ton ami, fans t connoître ; fois un moment le mien. T douce pitié fera ma récompenfe.

Eliza finit fa carriere dans la patrie d fes peres, à l'âge de trente-trois ans. Un ame célefte fe fépara d'un corps célefte Vous qui vifitez le lieu où repofent fe cendres facrées, écrivez fur le marbre qu les couvre : telle année, tel mois, tel jour à telle heure, Dieu retira son souffle à lui, & Eliza mourut.

Auteur original, son admirateur & son ami, ce fut Eliza qui t'inspira tes ouvrages, & qui t'en dicta les pages les plus touchantes. Heureux Sterne, tu n'ès plus, & moi je suis resté. Je t'ai pleuré avec Eliza; tu la pleurerois avec moi; & si le ciel eût voulu que vous m'eussiez survécu tous les deux, tu m'aurois pleuré avec elle.

Les hommes disoient qu'aucune femme n'avoient autant de graces qu'Eliza. Les femmes le disoient aussi. Tous louoient sa candeur; tous louoient sa sensibilité; tous ambitionnoient l'honneur de la connoître. L'envie n'attaqua point un mérite qui s'ignoroit.

Anjinga, c'est à l'influence de ton heureux climat qu'elle devoit, sans doute, cet accord presqu'incompatible de volupté & de décence qui accompagnoit toute sa personne & qui se mêloit à tous ses mouvemens. Le statuaire, qui auroit eu à représenter la Volupté, l'auroit prise pour modele. Elle en auroit également servi à celui qui auroit eu à peindre la Pudeur. Cette ame inconnue dans nos contrées, le ciel sombre & nébuleux de l'Angleterre n'avoit pu l'éteindre. Quelque chose que fît Eliza, un charme invincible se répandoit autour d'elle. Le desir, mais le desir timide la suivoit en silence. Le seul homme honnête auroit osé l'aimer, mais n'auroit osé le lui dire.

Je cherche par-tout Eliza. Je rencontre, je saisis quelques-uns de ses traits, quelques-uns de ses agrémens épars parmi les femmes les plus intéressantes. Mais qu'est devenue celle qui les réunissoit ? Dieux qui épuisâtes vos dons pour former une Eliza, ne la fîtes-vous que pour un moment, pour être un moment admirée & pour être toujours regrettée ?

Tous ceux qui ont vu Eliza la regrettent. Moi, je la pleurerai tout le tems qui me reste à vivre. Mais est-ce assez de la pleurer ? Ceux qui auront connu sa tendresse pour moi, la confiance qu'elle m'avoit accordée, ne me diront-ils point : Elle n'est plus, & tu vis ?

Eliza devoit quitter sa patrie, ses parens, ses amis, pour venir s'asseoir à côté de moi, & vivre parmi les miens. Quelle félicité je m'étois promise ! Quelle joie je me faisois de la voir recherchée des hommes de génie ; chérie des femmes du goût le plus difficile ? Je me disois, Eliza est jeune, & tu touches à ton dernier terme. C'est elle qui te fermera les yeux. Vaine espérance ! O renversement de toutes les probabilités humaines ! ma vieillesse a survécu à ses beaux jours. Il n'y a plus personne au monde pour moi. Le destin m'a condamné à vivre & à mourir seul.

Eliza avoit l'esprit cultivé : mais cet art, on ne le sentoit jamais. Il n'avoit fait qu'embellir la nature ; il ne servoit en elle qu'à faire durer le charme. A chaque moment elle plaisoit plus ; à chaque moment elle intéressoit davantage. C'est l'impression qu'elle avoit faite aux Indes ; c'est l'impression qu'elle faisoit en Europe. Eliza étoit donc très-belle ? Non, elle n'étoit que belle : mais il n'y avoit point de beauté qu'elle n'effaçât, parce qu'elle étoit la seule comme elle.

Elle a écrit ; & les hommes de sa nation, qui ont mis le plus d'élégance & de goût dans leurs ouvrages, n'auroient pas désavoué le petit nombre de pages qu'elle a laissées.

Lorsque je vis Eliza, j'éprouvai un sentiment qui m'étoit inconnu. Il étoit trop vif pour n'être que de l'amitié ; il étoit trop pur pour être de l'amour. Si c'eût été une passion, Eliza m'auroit plaint ; elle auroit essayé de me ramener à la raison, & j'aurois achevé de la perdre.

Eliza disoit souvent qu'elle n'estimoit personne autant que moi. A présent, je le puis croire.

Dans ses derniers momens, Eliza s'occupoit de son ami; & je ne puis tracer une ligne sans avoir sous les yeux le monument qu'elle m'a laissé. Que n'a-t-elle pu douer aussi ma plume de sa grace & de sa vertu? Il me semble du moins l'entendre : „ Cette muse sévere qui te „ regarde, me dit-elle, c'est l'histoire, „ dont la fonction auguste est de déter„ miner l'opinion de la postérité. Cette „ divinité volage qui plane sur le globe, „ c'est la Renommée, qui ne dédaigna „ pas de nous entretenir un moment „ de toi : elle m'apporta tes ouvrages, „ & prépara notre liaison par l'estime. „ Vois ce phénix immortel parmi les „ flammes : c'est le symbole du génie „ qui ne meurt point. Que ces emblê„ mes t'exhortent sans cesse à te mon„ trer le défenseur DE L'HUMANITÉ,

„ DE LA VÉRITÉ, DE LA LIBER-
„ TÉ".

Du haut des cieux, ta premiere & derniere patrie, Eliza, reçois mon serment. JE JURE DE NE PAS ÉCRIRE UNE LIGNE, OÙ L'ON NE PUISSE RECONNOITRE TON AMI.

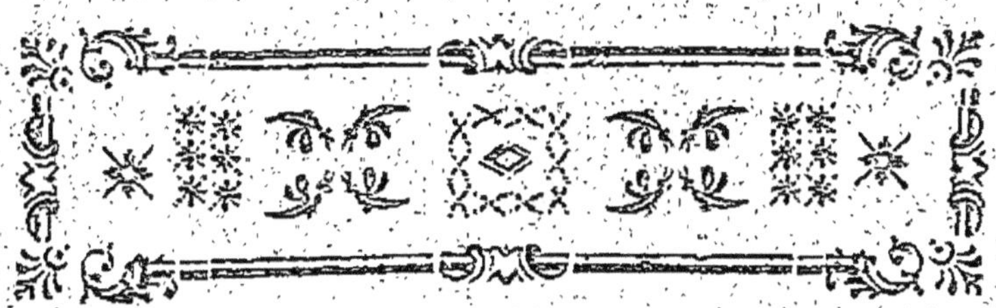

LETTRES

D'YORICK A ELIZA,

ET

D'ELIZA A YORICK.

LETTRE PREMIERE.

YORICK A ELIZA.

ELIZA recevra mes livres avec ce billet... Les sermons sont sortis tout brûlans de mon cœur, je voudrois que ce fût là un titre pour pouvoir les lui offrir... Les autres sont sortis de ma tête, & je suis plus indifférent sur leur réception.

Je ne ſais comment cela s'eſt fait; mais je ſuis à moitié pris d'amour pour vous... Je devrois l'être tout-à-fait, car je n'ai jamais vu dans perſonne plus de qualités eſtimables, ni eſtimé ni connu de femme dont on pût mieux penſer que de vous. Ainſi adieu, votre affectionné ſerviteur,

L. STERNE.

LETTRE II.

ELIZA A YORICK.

Mon Bramine,

J'AI reçu votre Voyage Sentimental... J'admire le pouvoir de votre imagination: elle a réveillé des ſenſations en moi, dont je ne me croyois pas capable... Vous me rendez fiere, & vous me faites aimer ma propre ſenſibilité.

J'ai mouillé de mes larmes vos pathetiques pages; ... mais c'étoient des larmes de plaifirs : mon cœur découloit, pour ainfi dire, de mes yeux. ... O! vous avez excité tous les nobles fentimens de mon ame.

La route que vous fuivez eft la plus fimple pour reculer les bornes de l'entendement humain : vous perfuadez la raifon en touchant le cœur... Les plus grands éloges qu'un auteur puiffe recevoir, font les foupirs & les larmes de fes lecteurs... Combien d'éloges de ce genre ne vous aije pas donnés?

Je vous prie, fi vous m'eftimez, de ne point me flatter... Je fuis déja fi vaine, & la louange d'un homme de fens eft trop dangereufe.

Je fuis dans la plus grande étendue du mot, votre amie,

ELIZA.

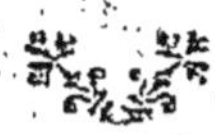

LETTRE III.

YORICK A ELIZA.

JE ne ſaurois être en repos, Eliza, quoique je puiſſe aller chez vous à midi, juſqu'à ce que j'apprenne des nouvelles de votre ſanté... Puiſſe votre viſage chéri, à votre lever, ſourire comme le ſoleil de ce matin ſur l'horizon..! Je fus hier bien alarmé, bien triſte d'apprendre votre indiſpoſition; & bien chagrin auſſi de ne pouvoir entrer chez vous... Rappellez-vous, chere Eliza, qu'un ami a le même droit qu'un médecin. L'étiquette de la ville, me direz-vous, en ordonne autrement.... Et qu'importe? La délicateſſe & la décence ne conſiſtent pas toujours à obſerver ſes froides maximes.

Je ſors pour aller déjeûner; à onze heures je ſerai de retour, & j'eſpere trouver une ſeule ligne de votre main, qui m'apprendra que vous êtes mieux, & que vous desirez de voir votre Bramine.

A neuf heures.

LETTRE IV.

ELIZA A YORICK.

Mon Bramine,

JE vous apprends avec plaisir que je suis mieux, parce que je crois que vous aurez du plaisir à le savoir.

Un ami, dites-vous, a le même droit qu'un médecin.

Vous avez donc un double droit, & comme ami, & comme médecin; le plus estimable des médecins, le médecin de l'ame, venez donc voir Eliza, apportez avec vous le meilleur des cordiaux : ... celui du sentiment... Si votre conversation ne fait pas disparoître mon mal, elle pourra me faire oublier que je ſuis malade... Je ſuis ſûre du moins de ne ſentir aucune douleur, tant que vous ſerez avec moi.

Ainſi vous voir eſt le deſir & l'intérêt d'Eliza.

A dix heures.

LETTRE V.

YORICK A ELIZA.

ELIZA, j'ai reçu votre derniere lettre, hier au ſoir! en revenant de chez le lord Bathurſt où j'ai dîné, où j'ai parlé de vous pendant une heure ſans interruption : le bon vieux lord m'écoutoit avec tant de plaiſir qu'il a trois différentes fois *toſté* votre ſanté.

Quoiqu'il ſoit dans ſa quatre-vingt-cinquieme année, il dit qu'il eſpere de vivre encore aſſez de tems pour devenir l'ami de ma belle disciple Indienne, & la voir éclipser en richesses toutes les autres femmes de Nabab, autant qu'elle les surpasse déja en beauté, &, ce qui vaut mieux, en mérite... Je l'espere aussi... Ce seigneur est mon vieux ami... Vous savez qu'il fut toujours le protecteur des gens d'esprit & de génie; il avoit tous les jours à sa table ceux du dernier siécle, Addisson, Steele, Pope, Swift, Prior, &c... La maniere dont il s'y prit pour faire ma connoissance, est aussi singuliere que polie. Il vint à moi un jour que j'étois à faire ma cour à la princesse de Galles... J'ai envie de vous connoître, M. Sterne; mais il est bon que vous sachiez un peu qui je suis... Vous avez entendu parler, continua-t-il, de ce vieux lord Bathurst, que vos Popes & vos Swifts ont tant chanté; j'ai passé ma vie avec des génies de cette trempe; mais je leur ai survécu, & désespérant de trouver leurs égaux, il y a quelques années que j'ai fermé mes livres, avec la résolution de ne plus les ouvrir ; mais vous m'avez fait naître le desir de les ouvrir encore une fois avant que je meure... Ainsi venez au logis, & dînez avec moi.

Ce seigneur *, je l'avoue, est un prodige; car à son âge il a tout l'esprit & la vivacité d'un homme de trente ans; il posséde, au suprême degré, l'heureuse faculté de plaire aux hommes & celle de les aimer : ajoutez à cela qu'il est instruit, courtois & sensible.

Il m'a entendu parler de vous, Eliza, avec une satisfaction peu commune : il n'y avoit qu'un tiers avec nous; il étoit sensible aussi, ... & nous avons passé jusqu'à neuf heures l'après-dîner la plus *sentimentale* : mais, Eliza, vous étiez l'étoile qui nous dirigeoit, vous étiez l'ame de nos discours... Et lorsque je cessois de parler de toi, tu remplissois mon cœur, tu réchauffois chaque pensée qui sortoit de mon sein; car je n'ai pas honte de reconnoître

* Le lord Bathurst vit encore.

connoître tout ce que je te dois... O la meilleure des femmes! les peines que j'ai souffertes à ton sujet, pendant toute la nuit derniere, sont au-delà du pouvoir de l'expression... Le ciel nous donne, sans doute, des forces proportionnées au poids dont il nous charge. O mon enfant! toutes les peines qui peuvent naître de la double affliction de l'ame & du corps sont tombées sur toi, & tu me dis cependant que tu commences à te trouver mieux. Ta fievre a disparu, ton mal & ta douleur de côté ont cessé, puissent ainsi s'évanouir tous les maux qui traversent le bonheur d'Eliza,... ou qui peuvent lui donner un seul moment d'alarme... Ne crains rien... Espere tout, Eliza;... mon affection jettera une influence balsamique sur ta santé; elle te fera jouir d'un printems éternel de jeunesse & d'agrément au-delà même de tes espérances.

Tu as donc placé sur ton bureau le portrait de ton Bramine, & tu veux le consulter dans tes doutes, dans tes craintes...

O reconnoissante & bonne fille! Yorick sourit avec satisfaction sur tout ce que tu fais ; ... mais ce portrait ne peut remplir toute l'étendue de la complaisance d'Yorick.

Qu'il est digne de toi ce petit plan de vie, que tu t'ès formé pour la distribution de la journée !... En vérité, Eliza, tu ne me laisses rien à faire pour toi, rien à reprendre, rien à demander, ... qu'une continuation de cette admirable conduite qui t'a gagné mon estime, & rendu pour toujours ton ami.

Puissent les roses promptement revenir sur tes joues, & la couleur des rubis sur tes levres, mais crois-moi, Eliza, ton mari, s'il est l'homme bon & sensible que je desire qu'il soit, te pressera contre son sein, avec une affection plus honnête & plus vive ; il baisera ton pauvre visage pâle & défait, avec plus de transport que lorsque tu étois dans toute la fleur de ta beauté... Il le doit, ou j'ai pitié de lui... Ses sensations sont bien étranges, s'il ne ſent pas tout le prix d'une aimable créature comme toi.

J'aime bien que Miſs Light vous ſoit une compagne dans le voyage; elle peut adoucir vos momens de peine.... J'apprens avec plaiſir que vos matelots ſont de bonnes gens... Vous pourriez vivre, Eliza, avec ce qui eſt contraire à votre naturel, qui eſt aimable & doux... Il civiliſeroit des ſauvages ; ... mais il ſeroit dommage qu'on vous donnât un tel devoir à remplir ?... Comment pouvez-vous chercher des excuſes pour votre derniere lettre ? elle me devient plus chere par les raiſons mêmes que vous employez pour la juſtifier... Ecrivez-m'en toujours de pareilles, mon enfant : laiſſez-les s'exprimer avec la négligence facile d'un cœur qui s'ouvre de lui-même... Dites tout, le comment, le pourquoi, ne cachez rien à l'homme qui mérite votre confiance & votre eſtime... Telles ſont les lettres que j'écris à Eliza... Ainſi je pourrai toujours vivre avec toi ſans art, & plein d'une vive affection, si la Providence nous permet d'habiter la même section du globe.

Je suis autant que l'honneur & l'affection me permettent de l'être,

TON BRAMINE.

LETTRE VI.

ELIZA A YORICK.

Obligeant Yorick,

J'AI lu votre lettre, comme je lis toutes celles qui me viennent de vous, avec un vrai plaisir... Je suis bien contente du détail que vous me faites sur ce bon & digne seigneur le lord Bathurst... Une demi-douzaine d'hommes tels que lui, feroient perdre à la vieillesse ce caractere de bourru qu'on lui donne, & la rendroient le plus désirable période de la vie.

La société que ce lord avoit su se faire, & les amis qu'il a eus, prouvent assez son bon jugement... La maniere dont il a fait votre connoissance suffiroit pour rendre son nom respectable.

Je rends graces au lord Bathurst pour la bonne opinion qu'il a de moi ;... mais je ne brille ici que d'une lumiere empruntée... Ses éloges ne sont dûs qu'à l'image flatteuse que votre imagination lui a formée de moi ;... & j'ai reçu de vous l'éclat dont ce lord a bien voulu être ébloui.

Vous dites une bien juste vérité, lorsque vous m'écrivez que le ciel nous donne des forces proportionnées au fardeau qu'il nous impose... Je l'ai bien éprouvé... J'ai vu mon courage s'accroître avec mon mal ; & tandis que ma santé déclinoit, ma confiance envers la Providence devenoit plus ardente.

Mais je suis mieux : ... Dieu merci... Vous m'exhortez à l'espérance... J'espere : ... elle est un baume salutaire pour mon ame, ... doucement, elle assoupit mes angoisses.

Le tems arrive où je dois quitter l'Angleterre... Je voudrois bien que vous fussiez du voyage... Votre conversation raccourciroit les heures d'ennui, elle adouciroit la rudesse des vagues; ... alors plus de terreur pour moi sur l'élément terrible que je vais affronter; je ne craindrois plus les dangers qui vont environner ma prison flottante.

Cependant pourquoi desirer que vous abandonniez votre paisible retraite & votre bonheur domestique, ... pour vous livrer à un élément incertain, & chercher un ciel orageux? Cruelle pensée!.. Eliza doit être satisfaite de porter dans son cœur l'image d'Yorick, de thésauriser dans son ame les douces instructions de son ami... Cette image vivante la protégera contre l'inconstance des climats, contre les vagues menaçantes: alors elle sera dans le vrai sens de l'expression,

L'ELIZA D'YORICK.

LETTRE VII.

ELIZA A YORICK.

Tendre Yorick.

MES nerfs ſont ſi foibles, ma main eſt ſi tremblante, que je crains bien que vous ne puiſſiez lire ni entendre ce griffonage... Je ſuis bien mal, ... en vérité, je ſuis bien mal.

Préſentez mon tendre ſouvenir à Monſieur & Miſtriſs James ; ... ils ſont dans mon cœur, ... ils ont avec mon Bramine une égale portion de ma ſincere amitié : ... que le ciel vous préſerve tous des épreuves cruelles dont il accable mon être ſouffrant & débile.

Mais ne croyez pas, Yorick, que je me plaigne... Non.

Dieu bienfaiſant, je te remercie de mes peines... Tu me châties pour mon bien...

Mon ame vaine s'étoit égarée dans les flatteuses pensées de l'avenir... Tu la ramenes pour fixer son attention sur le point qu'elle habite.... O garde-moi du péché de murmure! Je te demande des forces pour supporter mes maux avec patience.

La famille des ***, est venue me voir;... ce sont de bien aimables gens, & je les aime autant que je les considere; ... qu'ils étoient affectés de ma situation! je crois qu'ils la sentoient plus vivement que moi.

Je suis prise d'un étrange vertige, & je finis ma lettre. Adieu.

ELIZA.

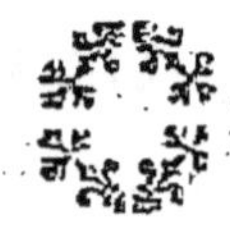

LETTRE VIII.

YORICK A ELIZA.

JE vous écris, Eliza, de chez M. James, tandis qu'il s'habille : son aimable femme est à mes côtés qui vous écrit aussi... J'ai reçu, avant le dîner, votre billet mélancolique; ... il est mélancolique en effet, mon Eliza, de lire un si triste récit de ta maladie... Tu éprouvois assez de maux sans ce surcroît de douleur. Je crains que ta pauvre ame n'en soit abattue, & ton corps aussi sans espoir de recouvrement... Que le ciel te donne du courage!.. Nous n'avons parlé que de toi, Eliza, de tes douces vertus, de ton aimable caractere; nous en avons parlé pendant tout l'après-dîner. Mistriss James & ton Bramine ont mêlé leurs larmes plus de cent fois en parlant de tes peines, de ta douceur, & de tes graces.

Les ***, je te le dis de bonne foi, sont de méchantes gens, j'en ai appris assez pour frémir à la seule articulation du nom.. Comment pouvez-vous, Eliza, les quitter ou souffrir qu'ils vous quittent, avec les impressions défavorables qu'ils ont?... Je croyois t'en avoir dit assez, pour te donner pour eux, le plus profond mépris jusqu'au dernier terme de ta vie. Cependant tu m'écris, & tu le disois encore, il y a peu de jours à Mistriss James, que tu croyois qu'ils t'aimoient tendrement... Son amour pour Eliza, sa délicatesse, & la crainte de troubler ton repos lui ont fait taire les plus éclatantes preuves de leur bassesse... Pour l'amour du ciel ne leur écris point, ne souille pas ta belle ame par la fréquentation de ces cœurs corrompus... Ils t'aiment, quelles preuves en as-tu? Sont-ce leurs actions qui le montrent? Ou leur zele pour ces attachemens qui t'honorent & font ton bonheur? Se sont-ils montrés délicats pour ta réputation? Non;... mais ils pleurent, ils disent des choses tendres... Mille fois adieu à toutes ces simagrées... Le cœur honnête de Mistriss James, se révolte contre l'idée que tu as de leur rendre une visite... Je t'estime, je t'honore pour chaque acte de ta vie ; excepté cette aveugle partialité pour des êtres indignes d'un seul de tes regards.

Pardonne à mon zele, tendre fille, accorde-moi la liberté que je prends ; elle naît de ce fond d'amour que j'ai, que je conserverai pour toi jusqu'à l'heure de ma mort. Réfléchis un peu, Eliza... Quels sont mes motifs pour te donner sans cesse des avis ?... puis-je en avoir aucun qui ne soit produit par la cause que j'ai dite ?

Je crois que vous êtes une excellente femme, & qu'il ne vous manque qu'un peu plus de fermeté, & une plus juste opinion de vous-même, pour être le meilleur caractere de femme que je connoisse.

Je voudrois pouvoir vous douer d'une portion de cette vanité dont vos ennemis vous accusent; parce que je crois que dans un bon esprit l'orgueil produit de bons effets.

Je ne vous verrai peut-être plus, Eliza;... mais je me flatte que vous songerez quelquefois à moi avec plaisir, parce que vous devez être persuadée que je vous aime, & je m'intéresse si fort à votre droiture, que j'apprendrois avec moins de peine la nouvelle d'un malheur qui vous seroit arrivé, que le plus léger écart de ce respect que vous vous devez à vous-même... Je n'ai pu garder cette remontrance dans mon sein :... elle s'en est échappée. Adieu, adieu : que le ciel veille sur mon Eliza.

TON YORICK.

LETTRE IX.

ELIZA A YORICK.

Mon Bramine,

JE me trouve beaucoup mieux aujourd'hui, ma tête eſt plus tranquille.

Acceptez mes remerciemens;... faites-les agréer à Monſieur & Miſtriſs James, pour le tendre intérêt que vous prenez tous à ma maladie... Quoique mes expreſſions ſoient bien foibles, mon cœur n'en eſt pas moins plein de reconnoiſſance.

Vous avez été trompé, cher Yorick.... Je ne ſaurois me perſuader que la famille des *** mérite la ſévérité avec laquelle vous la traitez... Je ne puis penſer mal de perſonne, ſans en avoir le ſujet... Ce ſeroit être miſérable en effet, que de vivre l'eſclave du ſoupçon... Je ſuis certaine que mon Bramine ne voudroit pas concevoir une mauvaise opinion de qui que ce soit, sans un juste fondement; ... mais on peut le tromper...Son cœur est si bon, si ouvert, si franc, que les *** lui auront été présentés sous un faux jour.

Je vais être singuliérement importune.. J'ai besoin de vous pour me faire quelques commissions; ... excusez votre Eliza, elle n'ose vous donner cette peine, cependant elle ne peut se confier à personne qu'à vous.

Je voudrois que vous eussiez de M. Zumps les adresses nécessaires pour me faire parvenir sûrement mon Piano-Forte... Son harmonie adoucira mes peines dans le voyage.

Je desirerois une douzaine de crochets à vis en cuivre pour les mettre dans mon cabinet, & y suspendre plusieurs choses qui me sont utiles.

Il me faudroit aussi un livre blanc pour faire mon journal, & y tracer les réflexions que m'inspirera la mélancolie pendant le voyage.

Une chaiſe à bras ne me ſeroit pas inutile.

J'eſpere que vous aurez aſſez de bonté pour m'envoyer tout cela à l'adreſſe de M. Abraham Walker, pilote à Deal.

Quoique ma ſanté aille tous les jours de mieux en mieux, mon eſprit n'a pas encore repris toute ſa tranquillité; mais je ne veux pas donner trop de peine à un ami qui ſent ſi vivement tout ce qui me regarde.

Mes plus tendres amitiés à Miſtriſs James;... c'eſt une bien douce & bien aimable femme... Mes complimens à M. James... Le ciel les comble tous deux de ſes bénédictions,... puiſſent les ſourires de la gaieté, de la ſanté & du bonheur les ſuivre ſans ceſſe!

Dieu eſt mon éternel appui, c'eſt à lui que je m'adreſſe pour obtenir les forces dont j'ai beſoin;... & tant que je reſpirerai l'air de la mortalité, mes regards ſeront tournés vers vous, Yorick... Vous êtes mon maître, mon ami, mon bon génie... Que notre mutuelle affection continue d'être pure & durable, jufqu'à la diffolution de nos corps fragiles;...! mais s'il exifte jamais une efpece de liaifon entre les ames, puiffions-nous jouir de ce tranfport délicat & célefte, le feul que connoiffent les Anges, lorfqu'ils participent à la gloire de leur éternel Créateur !

Puiffes-tu jouir, mon Yorick, d'une félicité non interrompue, jufqu'au moment où l'ange de la mort te tranfportera fur fes aîles dans les régions du bonheur ! Adieu.

ELIZA.

LETTRE X.

YORICK A ELIZA.

A QUI mon Eliza peut-elle donc s'adresser dans ses peines, dans ses desirs, qu'à son ami qui l'aime bien tendrement ?.. Pourquoi cherchez-vous, Eliza, à couvrir de vos excuses, l'emploi chéri que vous me donnez. Yorick seroit offensé, bien justement offensé, si vous chargiez un autre que lui des commissions qu'il peut faire.

J'ai vu Zumps, & votre Piano-Forte bien accordé, vous parviendra sûrement & sans risque... J'ai aussi un petit marteau & une paire de pincettes pour entrelasser & tendre vos cordes; puisse chacune d'elles, mon Eliza, par sa vibration, faire raisonner dans votre ame la plus douce espérance !

J'ai acheté pour vous dix jolis petits

crochets de cuivre : ... il y en avoit douze, mais je vous en ai dérobé deux pour les mettre dans ma propre cabane à *Conwould*... Je ne pendrai jamais mon chapeau, jamais je ne le dépendrai sans songer à vous... J'ai aussi acheté deux crochets de fer beaucoup plus forts que ceux de cuivre pour y suspendre vos globes.

J'écris à M. Abraham Walker que je lui adresse un paquet; & je le charge de le faire retirer dès que la voiture de Deal arrivera... Je lui donne aussi la forme du fauteuil qui peut vous être le plus commode, & je le prie d'acheter le plus propre & le mieux fait qui soit dans Deal... Vous recevrez tout cela par le premier bateau qu'il fera partir.

Je voudrois pouvoir ainsi, Eliza, satisfaire tous tes desirs; ce seroit pour moi une heureuse occupation... Le journal est comme vous le desirez, il n'y manque plus que les charmantes idées qui doivent le remplir... Pauvre chere femme, ... modele de douceur & de patience, ... je fais bien plus que de vous plaindre : .... car je perds, & ma philoſophie & ma fermeté, lorſque je conſidere vos diſgraces.... Ne croyez pas que j'aie parlé trop durement des *** ; j'en avois le ſujet : ... d'ailleurs un bon cœur ne peut en aimer un mauvais, ... Non, il ne le peut ; mais adieu ſur ce texte déſagréable.

Ce matin j'ai fait une viſite à Miſtriſs James ; elle vous aime bien tendrement : elle eſt allarmée ſur ton compte, Eliza ; ... elle dit que tu lui parois plus mélancolique & plus ſombre, à meſure que ton départ approche : ... elle te plaint, ... je ne manquerai pas de la voir tous les Dimanches, tant que je ſerai en ville... Comme cette lettre eſt peut-être la derniere que je t'écrirai, de bon cœur je te dis adieu... Puiſſe le Dieu de bonté veiller ſur tes jours, & être ton protecteur maintenant que tu es ſans défenſe ! & pour ta conſolation journaliere, grave bien dans ton cœur cette vérité... Quelle que ſoit la portion de douleur & de peine qui t'eſt deſtinée, elle ſera pleinement compenſée dans une égale meſure de bonheur, par l'être que tu as ſi ſagement choiſi pour ton éternel ami.

Adieu, adieu, Eliza; tant que je vivrai compte ſur moi, Eliza, comme ſur le plus ardent & le plus déſintéreſſé de tes amis terreſtres.

YORICK.

LETTRE XI.

ELIZA A YORICK.

Cher Bramine,

C'EST aujourd'hui le jour de ma naiſſance, ... & j'ai vingt-cinq ans; mais les années, lorſqu'elles ſont paſſées, ne paroiſſent que quelques heures; ... les momens de peine ſont les ſeuls que nous comptons, leur peſanteur nous accable, lentement ils s'écoulent, trop lentement à notre gré, quoique leur marche conſtante nous dérobe une portion de notre exiſtence; ... mais que les heures de joie ſont rapides! ... Tous nos plaiſirs ne ſont que des ſonges d'un inſtant.

Que la rapidité du tems eſt terrible pour l'eſprit qui ſe nourrit dans l'incertitude & le vice; ... lorſque chaque minute les dépouille de leur exiſtence bien-aimée & les entraîne.

Ils ne ſavent où, ... c'eſt dans le néant, diſent-ils; mais ce néant même les épouvante : telle eſt la ſituation du ſceptique.

Mais l'aîle rapide du tems n'allarme point cette ame, qui fait de la vertu ſes plus cheres délices... L'homme de bien marche ſans crainte vers l'heure qui doit le délivrer de ſa priſon d'argille, & des douleurs de la mortalité... Le tems lui paroît un ennemi qui s'oppoſe à ſon paſſage vers les régions céleſtes du bonheur.

Le tems que j'ai vécu n'eſt rien; ... il

ne m'appartient plus : ... ce n'eſt qu'un point gravé ſur la mémoire.

Ainſi je dois m'occuper de ce qui me reſte à vivre ; je dois faire jaillir la vertu de chacun de mes égaremens paſſés... Puiſſe chaque nouveau ſoleil levant me voir croître en ſageſſe, & briller d'une vertu plus mûre, juſqu'à ce que je ſois jugée digne de cet état qui eſt la pureté même !

Je courbe ma tête ſous le poids de la douleur avec patience & réſignation... Je remercie l'Auteur ſuprême de la nature, de ce qu'il m'envoye des avis ſi utiles.

La vertu vit ſatisfaite, quoique le ciel ſoit en courroux, ... ce courroux annonce un ſourire de bonté... Un jour paſſé dans les larmes préſage une année de joie ; les malheurs nous ſont envoyés pour nous corriger & non pour nous détruire... Qui ſent les pointes d'une heure d'adverſités, ne les trouve que des moyens de force pour mieux en surmonter la peine.

Que le ciel bénisse mes amis & mes ennemis, & me donne la paix de l'ame!

ELIZA.

Cette lettre n'a jamais eu de réponse, ou la réponse ne s'est pas trouvée.

LETTRE XII.

YORICK A ELIZA.

Ma Chere Eliza,

JE commence ce matin un nouveau journal, ... vous pourrez le voir; car si je n'ai pas le bonheur de vivre jusqu'à votre retour en Angleterre, je vous le laisserai comme un legs.... Mes pages sont mélancoliques; ... je voudrois en écrire d'agréables, & si je pouvois t'écrire des lettres, elles feroient agréables auffi ; mais bien peu, je doute, pourroient te parvenir : cependant tu recevras de moi quelques lignes à chaque courier, jufqu'à ce que de ta main tu ne faffes un figne pour m'ordonner de ne plus écrire.

Apprenez-moi quelle eft votre fituation, & de quelle forte de courage le ciel vous a doué ? ... Comment vous êtes-vous arrangée pour le paffage ? Tout va-t-il bien ? ... Ecrivez, écrivez-moi tout. Comptez de me voir à Deal avec Miftrifs James, fi vous y êtes retenue par les vents contraires... En effet, Eliza, je volerois vers vous, s'il fe préfentoit la moindre occafion de vous rendre fervice, & même pour votre feul contentement.

Dieu de grace & de miféricorde, confidere les angoiffes d'une pauvre enfant !.. donne-lui des forces, protége-la dans tous les dangers auxquels fa tendre forme peut être expofée : ... elle n'a d'autre protecteur que toi fur un élément dangereux ; que ton bras la foutienne, que ton ef-

prit

prit la consolе jusqu'au terme de son voyage.

J'espere, ... Eliza, que ma priere est entendue; car le firmament paroît me sourire, tandis que mes yeux s'élevent pour toi vers le ciel... Je quitte à l'instant Mistriss James, & j'ai parlé de toi pendant trois heures : .. : elle a votre portrait, elle le chérit; mais Mariott & quelques autres bons juges conviennent que le mien vaut mieux, & qu'il porte l'expression d'un plus doux caractere... Mais qu'il est loin encore de l'original ! ... cependant j'avoue que celui de Mistriss James est un portrait fait pour le monde; & le mien tout juste ce qu'il doit être pour plaire à un ami ou à un philosophe sensible... Dans le premier, vous paroissez brillante & parée avec tout l'avantage de la soie, des perles & de l'hermine... Dans le mien, simple comme une vestale, ne vous montrant que la bonne fille que la nature vous a faite, ce qui me paroît moins affecté & m'est bien plus agréable que de voir Miſtriſs Draper le viſage animé & toutes ſes graces en jeu, allant à une conquête avec un habit de jour de naiſſance.

Si je m'en ſouviens bien, Eliza, vous fîtes des efforts peu communs pour raſſembler ſur votre viſage tous les charmes dont vous êtes maîtreſſe, le jour que vous vous fîtes peindre pour Miſtriſs James, ... vos couleurs étoient brillantes, vos yeux avoient plus d'éclat qu'ils n'en ont ordinairement: ... Je vous priai d'être ſimple & ſans parure, lorſque vous vous feriez peindre pour moi.... Je connoiſſois bien, mon œil eſt ſans préjugé, que vous ne pouviez tirer aucun avantage de l'aide du ver à ſoie, ni du ſecours du bijoutier.... Laiſſez-moi vous répéter une vérité que vous m'avez déja, je crois, entendu dire.... La premiere fois que je vous vis, je vous regardai comme un objet de compaſſion, & comme une femme bien ordinaire. L'arrangement de votre parure, quoique de mode, vous alloit mal & vous défiguroit ; .... mais rien ne peut vous défigurer davantage, que de vouloir vous faire admirer & paroître jolie : .... Non, vous n'êtes pas jolie, Eliza, & votre visage n'est pas fait de maniere à plaire à la dixieme partie de ceux qui le regardent; .... mais il y a quelque chose de plus que la beauté, & je ne crains pas de vous le dire: je n'ai jamais vu un visage si intelligent, si bon, si sensible, & il n'y aura jamais dans votre compagnie, pendant trois heures, un homme tendre & *sentimental*, qui ne soit ou ne devienne votre admirateur ou votre ami, si vous ne prenez aucun caractere étranger au vôtre, & si vous paroissez la créature simple & sans art, que la nature veut que vous soyez. Vous avez dans vos yeux & dans votre voix, quelque chose de plus touchant, de plus persuasif qu'aucune autre femme que j'aie vue, ou dont j'aie entendu parler; .... mais ce degré de perfection inexprimable & ravissant, ne peut toucher que les hommes de la plus délicate sensibilité.

Si votre mari étoit en Angleterre, & l'argent pouvoit m'acheter cette grace, j lui donnerois de bon cœur cinq cents livres pour vous laisser assise auprès de moi deux heures par jour, tandis que j'écri mon Voyage Sentimental ; je suis sûr qu l'ouvrage en seroit meilleur, & que j serois remboursé plus de sept fois de m somme.... Je ne donnerois pas neuf sol de votre portrait, tel que les Newnham l'ont fait exécuter ;.... c'est la ressem blance d'une franche coquette ; vos yeu & votre visage (le plus parfait ovale qu j'aie jamais vu) qui sont frappans par leu beauté & leur perfection, capables d'att rer l'attention de l'homme le plus indiffé rent ; enfin qui sont au-dessus de tous ceu que j'ai rencontrés dans mes voyages sont entierement défigurés ; les premier par leurs regards affectés, & le visage pa son étrange physionomie & l'attitude d la tête, ce qui est une preuve du peu d goût de l'artiste ou de votre ami.

Les *** qui justifient le caractere que

leur ai donné une fois, d'être auſſi tenaces que la poix ou la glu, ont envoyé une carte à Miſtriſs *** pour lui apprendre qu'ils iroient chez elle vendredi:.... elle leur a fait dire qu'elle étoit engagée.... Second meſſager pour l'inviter à ſe trouver le ſoir à Renelagh.... Elle a fait répondre qu'elle ne pouvoit pas s'y rendre:.... elle penſe que ſi elle leur laiſſe prendre le moindre pied chez elle, elle ne pourra jamais ſe défaire de leur connoiſſance; elle a réſolu de rompre avec eux tout à la fois. On ne peut mieux les connoître: elle ſait bien qu'ils ne ſont ni ſes amis, ni les vôtres, & que le premier uſage qu'ils feront de leur prétendue amitié, ſera de vous ſacrifier, s'ils le peuvent, une ſeconde fois. Ne permettez pas, chere Eliza, qu'elle ſoit plus ardente pour vos propres intérêts que vous ne l'êtes, & qu'elle ait pour vous plus d'amitié que vous n'en avez vous-même.... Elle me charge de vous réitérer la priere que je vous ai faite de ne pas leur écrire. Vous lui cauſerez, & à votre

Bramine, une peine inexprimable; sois assuré qu'elle a un juste sujet de l'exiger; j'ai mes raisons aussi, la première est que je serois, on ne peut pas plus, fâché, si Eliza manquoit de cette force d'ame qu'Yorick a tâché de lui inspirer.... J'avois promis de ne plus prononcer leur nom désagréable; & si je n'en avois reçu l'ordre exprès de la part d'une tendre femme qui vous est attachée & qui vous aime, je n'aurois pas manqué à ma parole.

Je t'écrirai demain encore, à toi, la meilleure & la plus aimable des femmes. Je te souhaite une nuit paisible, mon esprit ne te quittera point pendant ton sommeil. Adieu.

LETTRE XIII.

ELIZA A YORICK.

LAISSEZ-MOI voir votre journal....! Envoyez-le moi avant que je quitte l'Angleterre; .... & loin, bien loin soit le tems où vous pourriez me le laisser comme un legs.... Je serai heureuse en lisant vos douloureuses pages, elles humanisent le cœur.

Je sens, comme vous avez senti, lorsque je lis ce que vous écrivez; .... & c'est sentir avec la sensibilité la plus délicate.

La sympathie de sentiment nous donne les plus grands plaisirs.... De telles douleurs sont des douleurs desirables.... Lorsque votre plume fera monter les larmes dans mes yeux, & les forcera de couler, lorsqu'elle fera mon cœur sanglotter, ... je dirai, ici mon Bramine a pleuré....

Lorſqu'il écrivit ce paſſage, ſon cœur étoit ému.... Que je puiſſe ſaiſir la douce contagion de chaque mot émané du cœur, & mouiller de nouveau la feuille déja humide !

Enſuite j'aurai pour moi les épanchemens agréables de ton imagination.... Je me réjouirai dans les brillantes ſaillies de ton eſprit ; ton humeur inimitable calmera le trouble pathétique de mon cœur.... L'épaiſſe larme ne tremblera plus long-tems dans mon œil.... La tendre angoiſſe ne peſera plus ſur mon ame..... Yorick diſſipera les douleurs que le Bramine aura cauſées.

Cette lecture délicieuſe répandra la plus douce influence ſur les heures ennuyeuſes de mon paſſage;.... & par le ſecours de mon Yorick, j'imaginerai que l'Inde eſt la moitié moins éloignée de l'Angleterre qu'elle ne l'eſt réellement.

Vous me promettez quelque choſe d'obligeant & de tendre à chaque poſte :... Eh bien ! ſoyez ſûr que jamais ma main ne fera un ſigne pour rendre le meſſager muet.

Je ſuis beaucoup, beaucoup mieux; & Dieu merci, je ſens en moi un courage qui me rend digne d'être votre diſciple & votre amie.

Mon logement eſt ſupportable; .... je ne ſaurois m'en plaindre.

Vous pourrez donc venir à Deal avec les James, ſi je ſuis retenue par les vents contraires.

Chaque jour, depuis votre lettre, j'ai prié le ciel d'intéreſſer en ma faveur les élémens, afin que je puiſſe jouir encore une fois de la vue de mes amis.

Ainſi, tandis que le capitaine, les matelots & les autres paſſagers ſollicitent un vent favorable, je m'oppoſe ſecrettement à leur priere, & j'importune le ciel pour qu'il retienne notre vaiſſeau dans le port.

Je ne donnerai point mon opinion ſur mes différens portraits, dans les diverſes attitudes demandées par mes amis.... Je me fis peindre pour les obliger, ... & je reſpecte leurs divers jugemens.

Mais ils peuvent être aſſurés que tel que ſoit le portrait, l'original leur eſt dévoué.

Lorſque je ſonge à l'amitié diſtinguée que vous avez pour moi, & que je réfléchis ſur cette pureté d'ame avec laquelle vous embraſſez mes intérêts les plus ſimples, je ne puis que me glorifier dans le compliment que je reçois de vous.....
„ Vous n'êtes point jolie, Eliza”.... Que je ſuis heureuſe de devoir votre affection au pur ſentiment, & non à la beauté qui paſſe & ſe flétrit.

Ce compliment eſt le plus flatteur que j'aie jamais reçu, & que je deſire de recevoir ;.... il n'eſt pas compoſé de ces lieux communs dont on ſe ſert dans le monde, ni adreſſé à quelques traits plus ou moins jolis d'un viſage.... C'eſt un éloge général fait pour la perſonne entiere ;.... fait pour le cœur.

Cependant je ne dois pas avoir la vanité de le croire vrai dans toute ſon étendue. .... Vous me peignez avec la prévention d'un ami, & quelque partialité pour mes défauts.

Je veux néanmoins relire souvent un portrait, quelque flatté qu'il soit, que votre main a tracé.... Persuadée que c'est ainsi que vous voulez que je sois,.... je ferai mes efforts pour atteindre à cette beauté de coloris, & à cette perfection autant que mes facultés pourront me le permettre.

Vous me parlez de mon mari, ce nom m'est cher, & j'ai senti tout mon sang refluer vers mon cœur. Toutes mes pensées ont été tournées vers l'Inde.... J'ai soupiré sur la distance,.... & je voudrois effacer tout ce que j'ai dit dans la premiere partie de ma lettre.

Mais pourquoi l'effacerois-je?.... Oserois-je toucher à un seul mot, à l'expression du moindre sentiment? L'amour & l'amitié ne sont-ils pas également sacrés?... Apprens, Eliza, à les conserver dans toute leur pureté.... Rends-toi digne d'un tel mari,.... d'un tel ami.

Oui, mon Yorick, mon mari t'accorderoit ma compagnie, si elle pouvoit servir au progrès de ton ouvrage; .... il ne voudroit pas priver les hommes de l'avancement & du plaisir que tu peux leur procurer.

Ne me parlez plus des ***, je cède à votre zele.... Que ne voudrois-je pas accorder à votre amitié? ... Mais quittons ce sujet ingrat; je ne veux plus m'en occuper ni leur écrire.

J'attens avec impatience la lettre qui m'est promise pour demain.

Adieu le meilleur des hommes, l'ami le plus sincere.... Que le ciel veille sur tes loisirs, tes heures de retraite & de travail! Adieu.

A huit heures du matin.

LETTRE XIV.

ELIZA A YORICK.

Mon Bramine,

J'AI reçu le paquet :... Vous avez pris beaucoup de peine, ... & mon cœur eſt pénétré de reconnoiſſance.

Le vaiſſeau dans lequel je dois faire mon trajet eſt fort propre ; ma cabine eſt petite, mais commode.... on doit la peindre en blanc ; .... ainſi il me faut débarquer & chercher à terre un logement.

A chaque courier j'attens de mon Bramine quelques lignes de tendreſſe & d'amitié.

Puiſſe le ciel veiller ſur votre ſanté pour le bien de l'eſpece humaine, & le bonheur d'Eliza ! Adieu.

LETTRE XV.

ELIZA A YORICK.

Obligeant Yorick.

C'EST un grand bonheur pour moi que Miſs Light s'embarque dans notre navire.... Je n'ai rien vu de plus aimable & de plus doux que cette jeune Dame, ... & ſa compagnie me devient tous les jours plus chere.

Nous avons auſſi un militaire au ſervice de la compagnie; .... il vint hier, ſans cérémonie & ſans être invité, prendre le thé avec nous .... Je crus ne devoir montrer aucun reſſentiment; ... mais je le raillai un peu ſur ſa hardieſſe, en lui diſant que c'étoit, ſans doute, une des qualités les plus utiles à un ſoldat.

Il s'eſt excuſé ſur ſon impoliteſſe, ſans cependant en faire l'aveu de bonne grace.

Il me paroît épris de Miſs Light, & je ne doute point qu'avant quinze jours de trajet, il ne ſoit très-amoureux d'elle.

Les autres paſſagers ſont tous gens aimables, & les officiers ſe conduiſent avec beaucoup de décence & de politeſſe.

Mon Yorick, ... mon cher ami, partagez mes penſées avec celui à qui je ſuis liée par le devoir .... Ne m'oubliez pas dans vos prieres.... Occupez-vous d'Eliza pendant la veille, & laiſſez-moi, comme une ombre chere, chanter votre imagination pendant votre ſommeil.... Je ſuis tout à vous. Adieu, adieu.

ELIZA.

P. S. Comme mon ſéjour ici ne ſera pas long, ſaiſiſſez toutes les occaſions de m'écrire.... Adieu.

LETTRE XVI.

YORICK A ELIZA.

Vous ne pouviez pas, Eliza, vous conduire autrement à l'égard du jeune officier.... Il étoit contre toute politesse, je dis même contre l'humanité, de lui fermer votre porte.... Il est donc susceptible, Eliza, d'une tendre impression, & avant qu'il soit quinze jours, tu crois qu'il sera éperduement amoureux de Miss Light!.... O je crois moi, & il est mille fois plus probable, que c'est de toi dont il est amoureux, parce que tu ès mille fois plus aimable.... Cinq mois avec Eliza, & dans le même lieu, & un jeune officier;.... tout sert mon opinion.... Le soleil, s'il pouvoit s'en défendre, ne voudroit point éclairer les murs d'une prison; mais ses rayons sont si purs, Eliza, si célestes, que je n'ai jamais entendu dire qu'ils fussent souillés pour cela .... Ce sera de même de toi, mon enfant chéri, dans cette situation & dans toutes les situations de ta vie :.... mais ta discrétion, ta prudence, la voix de l'honneur, l'ame d'Yorick & ton ame, te donneront les plus sages conseils.

On arrange donc tout pour le départ;... mais ne peut-on pas nettoyer & laver votre cabine sans la peindre? La peinture est trop dangereuse pour vos nerfs; elle vous tiendra trop long-tems hors de votre appartement, où j'espere que vous passerez plusieurs momens heureux.

Je crains que les meilleurs de vos contre-maîtres ne le soient que par comparaison avec le reste des matelots.... Il en étoit ainsi des... ; mais je ne veux plus en parler, puisque vous les tenez dans un juste éloignement.... C'est assez .... Tu manqueras de secours & de bons avis.... Garde-toi seulement des intimités; les bons cœurs sont ouverts, ils sont faciles à surprendre .... Que le ciel te donne du courage dans toutes les épreuves auxquelles il te met.... Tu ès le meilleur de ses ouvrages.... Adieu, aime-moi, je t'en prie, & ne m'oublie jamais.

Je suis, mon Eliza, & je serai pour la vie, dans le sens le plus tendre de ce mot, ton ami,

YORICK.

P. S. Vous aurez peut-être l'occasion de m'écrire du Cap-Verd, par quelque vaisseau Hollandois ou François, ... & votre lettre me parviendra sans doute.

LETTRE XVII.

YORICK A ELIZA.

Ma chère Eliza,

OH ! je ſuis bien inquiet ſur votre cabine.... La couleur fraîche ne peut que faire du mal à vos nerfs ; rien n'eſt ſi nuiſible en général que le blanc de plomb .... Prenez ſoin de votre ſanté, mon enfant, & de long-tems ne dormez pas dans cette chambre, il y en auroit aſſez pour que vous fuſſiez attaquée d'épilepſie.

J'eſpere que vous avez quitté le vaiſſeau, & que mes lettres vous rencontreront ſur la route de Déal, courant la poſte. .... Lorſque vous les aurez toutes reçues, ma chere Eliza, mettez-les en ordre.... Les huit ou neuf premieres ont leurs numéros ; mais les autres n'en ont point. Tu pourras les arranger en ſuivant l'heure ou le jour. Je n'ai presque jamais manqué de les dater.... Lorsqu'elles seront rassemblées dans une suite chronologique, il faut les coudre & les mettre sous une enveloppe.... Je me flatte qu'elles seront ton refuge, & que tu daigneras les lire & les consulter, lorsque tu seras fatiguée des vains propos de vos passagers... Alors tu te retireras dans ta cabine pour converser une heure avec elles & avec moi.

Je n'ai pas eu le cœur ni la force de les animer d'un simple trait d'esprit ou de bonne humeur ; mais elles renferment quelque chose de mieux, & ce que vous sentirez, aussi-bien que moi, de plus convenable à votre situation .... Beaucoup d'avis & quelques vérités utiles.... Je me flatte que vous y appercevrez aussi les touches simples & naturelles d'un cœur honnête, bien plus expressives que des phrases artistement arrangées.... Ces lettres, ainsi naïves, te donneront une plus grande confiance en Yorick, que n'auroit pu le faire l'éloquence la plus recherchée.... Repoſe-toi donc entierement, Eliza, ſur elles & ſur moi.

Que la pauvreté, la douleur & la honte ſoient mon partage, ſi je te donnai jamais lieu, Eliza, de te répentir d'avoir fait ma connoiſſance.... D'après cette proteſtation que je fais en préſence d'un Dieu juſte, je le prie de m'être auſſi bon dans ſes graces, que j'ai été pour toi honnête & délicat.... Je ne voudrois pas te tromper, Eliza, je ne voudrois pas te ternir dans l'opinion du dernier des hommes, pour la plus riche couronne du plus fier des monarques.

Souvenez-vous que tant que j'aurai la plus chétive exiſtence, que tant que je reſpirerai, tout ce qui eſt à moi vous pouvez le regarder comme à vous.... Je ſerois cependant fâché, pour ne point bleſſer votre délicateſſe, que mon amitié eût jamais beſoin d'un pareil témoignage.... L'argent & ceux qui le comptent ont le même but dans mon opinion, celui de dominer.

J'espere que tu répondras à cette lettre; mais si tu en ès empêchée par les élémens qui t'entraînent loin de moi, j'en écrirai une moi-même, je la ferai telle que tu l'aurois écrite, & je la regarderai comme venue de mon Eliza.

Que l'honneur, le bonheur, la santé & les consolations de toute espece fassent voile avec toi! .... O la plus digne des femmes! je vivrai pour toi, & ma Lydia.... Deviens riche pour les chers enfans de mon adoption.... Acquiers de la prudence, de la réputation & du bonheur, s'il peut s'acquérir, pour le partager avec eux, & eux avec toi; .... pour le partager avec ma Lydia, pour la consolation de mon vieil âge.... Une fois pour toujours, adieu; .... conserve ta santé, poursuis constamment le but que nous nous sommes proposés, la vertu de l'amour; .... & ne te laisses point dépouiller de ces facultés que le ciel t'a données pour ton bien-être.

Que puis-je ajouter de plus dans l'agitation d'esprit où je me trouve? .... & déja cinq minutes se sont écoulées depuis le dernier coup de cloche de l'homme de la poste.... Que puis-je ajouter de plus?... Que de te recommander au ciel, & de me recommander au ciel avec toi, dans la même priere, ... dans la plus fervente des prieres; ... afin que nous puissions être heureux, & nous rencontrer encore dans cette vie, au moins dans l'autre.... Adieu, ... je suis à toi, Eliza, à toi pour jamais, compte sur l'amitié tendre & durable

D'YORICK.

LETTRE XVIII.

ELIZA A YORICK.

Mon Yorick.

J'ESPERE que vos craintes ſur ma ſanté & la couleur fraîche de ma cabine, ſont maintenant diſſipées ; ... mais puiſque telle eſt la volonté d'Yorick, ... je promets de prendre ſoin de ma ſanté, un ſoin particulier, & pour l'amour de lui.

J'ai reçu vos lettres avec une ſatisfaction de cœur peu commune .... Je les ai reçues & arrangées dans l'ordre que vous m'avez preſcrit ; ... cet ordre n'étoit pas difficile à trouver, les dates m'ont ſervi dès que les numeros ont manqué.

Je les ai miſes ſous un couvert .... Je les porterai ſur mon cœur .... elles ſeront en effet, pour moi, un tendre aſyle .... Mes tendres & ſilencieux amis, ... je les lirai

lirai avec attendriſſement; ...., je les conſulterai, je leur obéirai.... Je les ai déjà amoncelées comme un tréſor dans ma mémoire, & j'en éprouve les effets bienfaiſans.

Ont-elles beſoin d'autre ame que celle du ſentiment & de la vérité ? Ton cœur honnête & ſenſible s'y montre à chaque ligne, & les rend vivantes de ſenſibilité. .... La mienne renaît à chaque phraſe & ſympathiſe avec ton ame.... Je me joins avec une égale ſincérité à ta proteſtation, & j'implore du ciel la même colere, ſi ma candeur n'a pas été égale à la tienne.

Si je ſuis entraînée par les élémens qui me dérobent à mes amis, vous écrirez une lettre pour moi, & vous la regarderez comme venue de moi.

Ecris, mon Yorick; .... écris lorſque j'aurai quitté ce rivage; .... lorſque je lutterai contre les vagues incertaines de ce fier élément; .... lorſque j'aurai perdu de vue les côtes blanchâtres de la terre qui te porte, terre heureuſe par ta naiſſance ; .... écris une lettre pour ton Eliza.... Que ton imagination s'exerce dans ſa plus grande étendue... Imagine tout ce qui eſt tendre, obligeant, honnête & délicat.... L'affection la plus vive & la plus tendre, & ne crois pas que les pouvoirs de ton ame puiſſent ſurpaſſer dans leur expreſſion les ſentimens qui ſont dans mon cœur.

Vous priez le ciel qu'il nous rende heureux, & nous faſſe rencontrer encore dans ce monde ou dans l'autre.

Je donne plus d'étendue à votre prière.... Puiſſions-nous nous revoir encore ſur cette terre, & après dans le ſéjour céleſte !

ELIZA.

LETTRE XIX.

YORICK A ELIZA.

AH ! plût à Dieu qu'il vous fût possible, mon Eliza, de différer d'une année votre voyage dans les Indes ! . . . car je suis assuré dans mon cœur, que ton mari n'a jamais pu fixer un tems si précis pour ton départ.

Je crains que M. B*** n'ait un peu exagéré . . . . Je n'aime plus cet homme, son aspect me tue. . . . Si quelque mal alloit arriver, de quoi n'auroit-il pas à répondre ? J'ignore quel est au monde l'être qui méritât plus de pitié, ou que je pourrois haïr davantage . . . . Il seroit un monstre à mes yeux ! . . . Oh ! plus qu'un monstre ; . . . mais, Eliza, compte sur moi ; que l'idée de tes enfans ne soit pas un soucis de plus pour toi . . . . Je serois le pere de tes enfans.

Mais, Eliza, si tu ès si malade encore,.... songe à ne retourner dans l'Inde que dans un an.... Ecrivez à votre mari... Exposez-lui la vérité de votre situation.... S'il est l'homme généreux & tendre, que vous m'avez annoncé en lui, ... je crois qu'il sera le premier à louer votre conduite.... L'on m'a dit que toute sa répugnance, pour vous laisser vivre en Angleterre, ne provient que de l'idée qu'il a malheureusement conçue que vous pourriez faire des dettes à son insçu qu'il seroit obligé de payer.... Quelle crainte?... Est-il possible qu'une créature aussi céleste que vous l'êtes, soit sacrifiée à quelques cent livres de plus ou de moins?.... Misérables considérations!.... Oh! mon Eliza, si je le pouvois décemment, je voudrois le dédommager jusqu'au moindre fil de toute la dépense que tu as pu lui causer... Avec joie je lui céderois les moyens que j'ai de subsister.... J'engagerois ma vie... J'engagerois les trésors dont le ciel a fourni ma tête pour ma subsistance future.

Vous devez beaucoup, je l'avoue, à votre mari... Vous devez quelque chose aux apparences & à l'opinion des hommes ; mais, Eliza, croyez-moi, vous vous devez bien plus à vous-même... Quittez Déal & la mer, si vous continuez d'être malade, je serai gratuitement votre médecin... Vous ne seriez pas la premiere de votre sexe que j'aurois traitée avec succès... Je ferai venir ma femme & ma fille ; elles pourront vous conduire, & chercher avec vous la santé à Montpellier, à Spa, aux Puits de Bancois, partout où vous voudrez... Elles suivront tes directions, Eliza, & tu pourras faire des parties de plaisir dans tel coin du monde où ta fantaisie voudra te mener... Nous irons pêcher ensemble sur les bords de l'Arno, nous nous égarerons dans les riants & fleuris labyrinthes de ses vallées, & alors tu pourras, comme je l'ai déja entendu, une ou deux fois de ta voix douce & flexible, nous chanter je suis perdue, je suis perdue ; ... mais nous te trouverons encore, mon Eliza.

Vous rappellez-vous de l'ordonnance

de votre médecin ? ... je m'en souviens bien, elle étoit telle que la mienne... Faites un exercice modéré, allez respirer l'air pur du midi de la France, ou l'air plus pur encore & plus doux du pays de Naples... Associez-vous pour la route quelques amis honnêtes & tendres; ... homme sensible; il pénétroit dans vos pensées; ... il savoit combien la médecine seroit trompeuse & vaine pour une aimable femme, dont le mal n'a pris sa source que dans les afflictions de l'ame.

Le tems seul, je le crains bien, & vous devez m'en croire, peut vous rendre la santé. Ce solliciteur enthousiaste & constant ne manquera pas de l'obtenir pour ma charmante déesse.

Je vous révere, Eliza, pour avoir gardé dans le secret certaines choses, qui dévoilées auroient fait votre éloge... Il y a une certaine dignité dans la vénérable affliction, qui refuse d'appeller à elle la consolation & la pitié... Vous avez très-bien soutenu ce caractere, & je commence à croire, mon aimable philosophe, que vous avez autant de vertus que la veuve de mon oncle Toby... En parlant d'une veuve, ... je vous en prie, Eliza, si vous l'êtes jamais, ne songez pas à vous donner à quelque riche Nabab, ... parce que j'ai dessein de vous épouser... Ma femme ne peut vivre long-tems; elle a déja parcouru en vain toutes les provinces de France, & je ne connois pas de femme que j'aimasse mieux que vous pour la remplacer... Il est vrai que ma constitution me rend vieux de plus de quatre-vingt ans, & vous n'en avez que vingt-cinq... La différence est grande; mais je tâcherai de compenser le défaut de jeunesse par l'esprit & la bonne humeur... Swift n'aima jamais sa Stella, Scarron sa Maintenon, ou Waller sa Sacharissa, comme je voudrois t'aimer & te chanter! O femme de mon choix! tous ces noms, quelque fameux qu'ils soient, disparoîtroient devant le tien, Eliza... Mandez-moi que vous approuvez ma proposition,

& que semblable à cette maîtresse, dont parle le Spectateur, vous aimeriez mieux chausser la pantoufle d'un vieux homme, que de vous unir au gai & jeune voluptueux... Adieu, ma Symplicia, je suis tout à vous.

TRISTRAM.

LETTRE XX.

ELIZA A YORICK.

Mon Tristram,

JE voudrois faire pour vous tout ce qui dépendroit de moi, tout ce qui seroit renfermé dans les bornes de mon devoir; ... mais il m'est impossible de différer mon voyage... Les ordres que j'ai reçus sont irrévocables, & je dois me soumettre.

M. B... n'exagere rien; je me trouve beaucoup mieux; & mes enfans, je l'espere, ne seront pas orphelins; mais je vous remercie de votre générosité... Je suis sensible autant qu'on peut l'être à l'élan de votre ame en leur faveur.

L'on vous a trompé sur le caractere de mon mari; ... il n'est pas si parcimonieux que vous l'imaginez; & s'il ne s'agissoit que de la dépense, je pourrois respirer long-tems encore l'air de l'Europe... Des considérations plus tendres le forcent de presser mon retour dans l'Inde... Soyez sûr que je ne suis pas sacrifiée à des vues d'intérêt.

Vous avouez que je dois beaucoup à mon mari; ... je ne suis que les suggestions de mon devoir pour acquitter cette dette... La dette la plus sacrée que je connoisse, & contractée de la maniere la plus solemnelle.

J'avoue que quelque égard que l'on doive à l'opinion publique, ... les apparences & cette opinion respectable me retiendroient bien peu, si les circonstances me permettoient de quitter Deal, pour aller rendre ce que je dois à l'amitié.

Vous ſerez toujours mon médecin; mais non pour la ſanté du corps. Abandonnez ce ſoin à ceux qui en font leur occupation.... Laiſſez-leur faire leurs obſervations & leurs prétendues recherches pour s'engraiſſer des angoiſſes & des tourmens d'un pauvre malade... Que mon Yorick prenne pour lui la noble tâche de preſcrire des ordonnances pour mon eſprit, & de guérir les maux de l'ame... C'eſt un emploi dans lequel on ne peut l'égaler, & auquel le ciel ſemble l'avoir particuliérement deſtiné, en lui donnant la faculté d'amollir & de fondre la dureté & l'inſenſibilité du monde corrompu.

Que ta fille & ta femme ſoient mieux occupées qu'à promener les douleurs de ton Indienne?... Puiſſent-elles partager long-tems ton bonheur domeſtique! ſi elles ſentent comme je ſens, elles regardent, ſans doute, comme choſe facile & agréable, tout ce qui peut te conſoler & te plaire.

Je ne puis plus être de l'avis des médecins, quant au changement d'air & de lieu... Je l'ai essayé sans succès, d'un bout du globe à l'autre bout... Si leur remede étoit bon, l'air de l'Angleterre & ta conversation auroient eu plus d'effet, que l'air de France ou de Naples; mais il m'est impossible d'habiter ces lieux-ci plus long-tems.

Les peines de l'ame produites par une trop grande sensibilité, & une bien foible constitution... Voilà, je crois, un ensemble auquel les observations des plus habiles médecins tenteroient en vain de remédier.

Si je dois exciter la compassion de quelqu'un, que ce soit la tienne;... cependant je ne voudrois pas que tu pusses jamais sentir de la pitié pour rien.

Ton cœur est si bon, si tendre, que si tu avois sujet de plaindre quelqu'un, je suis sûre que ton ame seroit bien plus affectée que celle de l'objet de ta sensibilité... Je voudrois qu'il n'y eût que les cœurs de pierre qui puſſent avoir de la pitié, & ils en ſont incapables.

Votre gaieté ne vous abandonne point... Vous me demandez, ſi jamais je deviens veuve, le ciel éloigne cet inſtant, ſi je donnerai ma main à quelque riche Nabab.

Je crois que je ne donnerai jamais plus ma main, ... parce que je crains que mon cœur ne puiſſe aller avec elle; ... mais quant aux Nababs, je les mépriſe tous; ... j'entens ceux d'Europe.

N'ont-ils pas dépeuplé les villes, ſaccagé les villages, & dévaſté les plaines de mon pays natal? ... Hélas! ils ont fertiliſé les vaſtes champs de l'Inde, avec le ſang de ſes habitans; ... ils ont ſacrifié à leur inſatiable avarice les jours de plus d'un million de mes compatriotes... Des rivieres de ſang crient vengeance contre eux... Les veuves & les orphelins élevent leurs bras pour obtenir que le feu du ciel tombe ſur ces barbares.

Ces ames qui ſe ſont baignées dans le ſang, pour acquérir d'immenſes richeſſes ou du pouvoir, ont-elles quelque rapport avec l'ame d'Eliza? ... La fenfible Indienne d'Yorick peut-elle fupporter l'idée d'aucune efpece d'union avec les meurtriers de fes freres? ... Non : ... que plutôt la honte & la mifere foient mon partage.

Je méprife les richeffes, comme la fource commune & funefte du luxe & de l'orgueil... L'or n'eft utile & bon que dans les mains de la vertu, lorfqu'elle les étend pour foulager les malheureux; ... ou lorfque l'humanité d'un œil tendre & inquiet cherche la cabane du pauvre pour y verfer fon fuperflu, pour ordonner à la larme qui tremble dans l'œil de la douleur, de fe changer en expreffion de joie, & de couler le long d'une joue qui commence à fourire de reconnoiffance.

Oui, mon Bramine, fi j'étois veuve, ... & fi tu étois libre, je crois que je te donnerois ma main de préférence à aucun homme vivant... Je m'unirois à ton ame... Je m'unirois à mon ami, à mon bon génie.

Eh! qu'importe la différence des années! l'ame qui marche vers l'immortalité est toujours jeune; & ton ame, j'en suis sûre, a plus de vigueur que celle du commun des hommes.

Un grand Poëte a dit : *

„ On ne peut assigner de cause certaine
„ à l'amour, ce rapport n'existe pas sur
„ le visage; mais dans l'ame des amans".

Rapsodie à part... J'espere que Mistriss St... ne survivra à ce beau projet d'union... Vous dites qu'elle n'a plus rien à espérer des provinces de France... Tant mieux : ... elle obtiendra la santé de son air natal à bien meilleur marché.

Cependant ton âge ne seroit point un obstacle à notre union, & le soin de délier ta pantoufle, me seroit plus agréable que les attentions que pourroit avoir pour moi un jeune homme ardent & volage;

* Dryden.

mais je ne veux point que Mistriss St...
ne puisse voir tout ceci ... pour l'amour
de ta paix domestique.

Je quitte la plaisanterie, ... & je suis
bien sincérement, bien sérieusement, avec
la plus grande pureté d'affection, ton im-
muable

ELIZA.

P. S. Mon cœur battra d'impatience
pour une réponse... Soyez prompt à calmer ses battemens.

LETTRE XXI.

Yorick a Eliza.

Ma Chere Eliza,

J'AI été sur le seuil des portes de la mort... Je n'étois pas bien la derniere fois que je vous écrivis; & je craignois ce qui m'est arrivé en effet; car dix minutes après que j'eus envoyé ma lettre, cette pauvre & maigre figure d'Yorick fut prête à quitter le monde... Il se rompit un vaisseau dans ma poitrine, & le sang n'a pu être arrêté que ce matin vers les quatre heures; tes beaux mouchoirs des Indes en sont tous remplis... Il venoit, je crois, de mon cœur... Je me suis endormi de foiblesse... A six heures je me suis éveillé, ma chemise étoit trempée de larmes... Je songeois que j'étois indolemment assis sur un sopha, que tu étois entrée dans ma chambre avec un suaire dans ta main, & que tu m'as dit : ... Ton esprit a volé vers moi dans les Dunes, pour me donner des nouvelles de ton sort ; je viens te rendre le dernier devoir que tu pouvois attendre de mon affection filiale, recevoir ta bénédiction & le dernier souffle de ta vie... Après cela tu m'as enveloppé du suaire ; tu étois à mes pieds prosternée ; tu me supplicis de te bénir... Je me réveille, dans quelle situation, bon Dieu !... mais tu compteras mes larmes ; tu les mettras toutes dans un vase... Chere Eliza, je te vois, tu ès pour toujours présente à mon imagination, embrassant mes foibles genoux, élevant sur moi des yeux languissans, pour m'exhorter à la patience & me consoler... Depuis, toutes les fois que je parle à Lydia, les mots d'Esaü, tels que tu les as prononcés, résonnent sans cesse à mon oreille... Bénissez-moi donc aussi, mon pere.... Que la bénédiction céleste soit ton éternel partage, ô précieuse fille de mon cœur !

Mon ſang eſt parfaitement arrêté, & je ſens renaître en moi la vigueur, principe de la vie. Ainſi, mon Éliza, ne ſois point allarmée... Je ſuis bien, fort bien... J'ai mangé mon pain avec appétit, & je t'écris avec un plaiſir qui naît du prophétique preſſentiment que tout finira à la ſatisfaction de nos ames.... Puiſſe une conſolation durable dans cette penſée que tu as ſi délicatement exprimée, que le meilleur des êtres ne peut combiner une telle ſuite d'événemens, purement dans l'intention de rendre miſérable, pour la vie, ſa créature affligée... L'obſervation eſt juſte, bonne & finement exprimée... Je ſouhaite de n'en perdre jamais le ſouvenir... Eliza, qui vous apprit à écrire d'une maniere ſi touchante?... Vous en avez fait un art dans lequel on ne peut vous atteindre... Lorſque je manquerai d'argent, & que la mauvaiſe ſanté ne permettra plus à mon génie de s'exercer, ... je pourrai faire imprimer vos lettres comme les eſſais d'une infortunée Indienne... Le ſtyle en eſt neuf, & ſeul il ſeroit une forte recommandation pour leur débit; ... mais leur tournure agréable & facile, les penſées délicates qu'elles renferment, la douce mélancolie qu'elles produiſent, ne peuvent être égalées, je crois, dans cette ſection du globe, ni même, j'oſe dire, par aucune femme de vos compatriotes... J'ai montré votre lettre * à Miſtriſs B.... & à plus de la moitié de nos littérateurs... Vous ne devez point m'en vouloir pour cela, mon intention étoit pure, & vous ne ſauriez imaginer combien je vous ai fait d'admirateurs... Je ſuis toujours ſurpris, quand je ſonge comment tu as pu acquérir tant de graces, de bonté & de perfection... Si attachée, ſi tendre, ſi bien élevée! ... Oh! la nature s'eſt occupée de toi avec un ſoin particulier;... car tu ès, & ce n'eſt pas ſeulement à mes yeux, le meilleur & le plus beau de ſes ouvrages.

* Cette lettre ne s'eſt pas trouvée.

Voici donc la derniere lettre que tu dois recevoir de moi, j'apprens par les papiers publics, que le *comte de Chatham* * est entré dans les Dunes, & je crois que le vent est favorable... Si cela est, femme céleste, reçois mon dernier adieu... Chéris ma mémoire... Tu sais combien je t'estime, & avec quelle affection je t'aime, adieu, adieu, ... & avec mon adieu laisse-moi te donner encore une regle de conduite, que tu as entendu sortir de mes levres sous plus de mille formes; ... mais je la renferme dans ce seul mot, „ respecte-toi ". Adieu une fois plus encore. Eliza, qu'aucune peine d'esprit ou de corps ne vienne placer une ride sur ton visage, jusqu'à ce que je puisse le revoir; que l'incertitude ne trouble jamais la sérénité de ton ame; ou ne réveille une pénible pensée au sujet de tes enfans: ... car ils sont ceux d'Yo-

* C'est le nom du vaisseau dans lequel Eliza devoit s'embarquer.

rick, ... & Yorick est ton ami pour toujours... adieu, adieu.

P. S. Rappelle-toi que l'espérance abrége & adoucit toutes les peines... Ainsi tous les matins à ton lever, chante, je t'en prie, change avec la ferveur dont tu chanterois une hymne, mon ode à l'espérance, & tu t'asseyeras à la table de ton déjeûner avec moins de tristesse. Que le bonheur, le repos & *Hygea* * te suivent dans ton voyage! Puisses-tu revenir bientôt avec la paix & l'abondance pour éclairer les ténébres dans lesquelles je vais passer mes jours. Je suis le dernier à déplorer ta perte, que je sois le premier à te féliciter sur ton retour! Adieu,

* La Déesse de la Santé.

LETTRE XXII.

ELIZA A YORICK.

Mon Bramine,

CETTE lettre est la derniere que tu recevras de moi, tandis que je vois encore la côte d'Angleterre.... Isle de bienfaisance & de liberté, isle, je le dis pour sa gloire, qui donna le jour à mon Yorick.

Comme je fus allarmée au premier mot de votre lettre... Votre mal m'a inspiré le plus vif attendrissement.

Un vaisseau rompu dans ton sein.... O terreur ! mon sang a bouillonné dans mes veines, & s'est fixé près de mon cœur, lorsque j'en ai su la nouvelle.

O les mouchoirs que tu tiens de moi, que n'avoient-ils la vertu souveraine de dissiper ton mal!... J'ai été heureuse, lorsque j'ai su que vous aviez dormi; ...

mais ce songe ! Ciel, ne permets pas qu'il soit *prophétique*, préserve-moi du devoir pénible d'assister à la dissolution.

Tes larmes, je les conserverai dans un cristal... Je pleurerai pour toi, & ces larmes seront les tiennes, parce qu'elles seront versées pour toi.

Votre imagination a pénétré dans mes pensées, dans mes sensations : ... elle m'a vue telle que je serois, si j'étois près de vous... J'embrasserois vos genoux, je les presserois, & mes regards chercheroient à vous consoler ; ... car je ne pourrois que vous regarder ; il me seroit impossible de parler.

Je me joins à toi pour bénir l'enfant de ton adoption... notre Lydia.

Qu'il soit loué à jamais, l'être bienfaisant qui a guéri ta maladie & arrêté ton sang, ... celui qui ranima dans ton sein les sources de la vie.

Oui, je l'espere, tout se terminera à la satisfaction de nos deux ames... Je ne veux point, non je ne puis douter de la bonté, de la sagesse de celui qui te donna l'être.

Et vous me demandez qui m'apprit l'art d'écrire; ... ce fut mon Yorick. Si Eliza a quelque mérite ... si son style a quelque charme, ... si ses lignes coulent avec une liberté facile, ... l'éloge vous en est dû, il vous appartient tout entier.

J'ai pris toute la peine possible pour vous dérober vos pensées, ... votre maniere, ... le choix & la délicatesse de vos expressions; ... je prenois une plume, & je voulois toujours être Yorick.

Je dois cependant vous gronder... Je le dois, mon Yorick, pour avoir montré mes lettres.... Vous êtes blâmable d'exposer ainsi au grand jour les foiblesses d'Eliza.

Elle développe son cœur pour toi; elle le laisse ouvert à tes yeux; mais elle ne voudroit point qu'il fût ainsi montré sans voile dans la plénitude de sa franchise... Sans apprêt elle laisse aller sa plume, & tout

ut le monde, mon Yorick, n'eſt pas ſi
en intentionné que toi.

Vous me dites qu'ils m'admirent, ...
uſſe flatterie... Leurs éloges ſont trom-
urs... C'eſt à vous qu'ils s'adreſſent...
vous trouvent aveugle ſur mes dé-
uts; ... ils ont découvert votre préven-
on extrême pour tout ce qui vient de
oi; ils ne veulent pas vous troubler
ns vos ſonges; ils vous admirent, ils
ous conſidérent... Voudroient-ils con-
arier votre opinion; ... c'eſt le reſpect
'on a pour Yorick qui produit les louan-
s données au foible mérite de ſon Eliza.

Nous ſommes dans les Dunes, ... le
ent eſt favorable... Il annonce que nous
ettrons à la voile cette nuit; ... le ca-
taine lui-même vient de me l'appren-
e... Je paſſe les momens qui me reſtent
épancher mon âme dans ton ſein.

Adieu le plus eſtimable des hommes...
onne & ſenſible créature... Adieu. Je
ſpecterai, je chérirai ta mémoire. Tou-
urs tu me feras préſent. Mon eſtime

répond à la tienne. Je t'aime d'une ég affection... Qu'Eliza soit toujours ch à ton cœur.

Je me respecterai pour l'amour d'Yori de mon Yorick qui est mon ami pour vie.

Tous les matins je veux chanter hymne à l'espérance, ... & cependant pleurerai sur notre séparation... Adie mon Bramine, mon fidele mentor, adi

Que la prospérité soit ta compag que la paix couronne tes journées; c' le souhait de ton éternelle amie Eliz adieu, adieu, adieu.

P. S. J'écrirai par le premier vaiss qui fera voile pour l'Angleterre... Je rai mon possible pour écrire. Adieu.

VIS AU RELIEUR.

E tombeau d'Eliza Draper doit être
ié à la page 97 de la Seconde Partie.

EXPLICATION

E CE TOMBEAU.

*ES trois graces portent une urne où
t déposées les cendres d'Eliza. L'Hif-
re montre ce monument funébre; fon
re eft pofé fur les ailes du tems, dont
faulx indique le ravage; un ferpent
fe mord la queue, eft le fymbole de
ternité. Sur la Pyramide élevée à côté
tombeau font deux trompettes, parce
Eliza a écrit; une couronne de fleurs;
rce que Eliza mourut jeune; au-deffous*

de ces emblêmes on voit l'écritoire qu'
a laissé à l'Illustre Auteur de l'Hist
des deux Indes. Le socle de la pyran
a pour ornement un Autel ; on y voit
tourterelle expirante , sa compagne la
garde avec douleur. „ *Tous ceux qui*
„ *vu Eliza, la regrettent ;* moi je la p
„ rerai tout le tems qu'il me rest
„ vivre ".

www.ingramcontent.com/pod-product-compliance
Lightning Source LLC
Chambersburg PA
CBHW070637100426
42744CB00006B/712